⊙国家自然科学基金项目资助出版

供应链成本分配的动态稳定性研究

陈良华　祖雅菲　胡雨菲　著

东南大学出版社
SOUTHEAST UNIVERSITY PRESS
·南京·

图书在版编目(CIP)数据

供应链成本分配的动态稳定性研究/陈良华,祖雅菲,胡雨菲著.—南京:东南大学出版社,2022.5
 ISBN 978-7-5766-0109-1

Ⅰ.①供… Ⅱ.①陈… ②祖… ③胡… Ⅲ.①供应链管理-成本管理-研究 Ⅳ.①F253.7

中国版本图书馆 CIP 数据核字(2022)第 074669 号

供应链成本分配的动态稳定性研究
Gongyinglian Chengben Fenpei De Dongtai Wendingxing Yanjiu

著　　者：陈良华　祖雅菲　胡雨菲
出版发行：东南大学出版社
社　　址：南京四牌楼 2 号　邮编：210096　电话(传真)：025-83793330
网　　址：http://www.seupress.com
电子邮件：press@seupress.com
经　　销：全国各地新华书店
印　　刷：广东虎彩云印刷有限公司
开　　本：700mm×1 000mm　1/16
印　　张：11.5
字　　数：220 千字
版　　次：2022 年 5 月第 1 版
印　　次：2022 年 5 月第 1 次印刷
书　　号：ISBN 978-7-5766-0109-1
定　　价：48.00 元

本社图书若有印装质量问题,请直接与营销部联系。电话:025-83791830。
责任编辑:刘庆楚；封面设计:王玥;责任印制:周荣虎

前　　言

我们正处在一个急剧变革的时代。工业经济社会向知识经济社会的转变,使一切都将发生深刻的变化,包括人们的生活方式、交流方式,组织机构的经营方式、管理方式,国家的管理规则、政治机构,市场的运作模式、运行规律等等。变革的潜流已经涌来,在市场浪潮中搏击的企业已最先感受到这变革浪潮的冲击。这种冲击潜移默化地影响着企业的管理理念和组织形式,动摇了现行会计的计量模式以及数百年建立起来的现有会计模式。新的信息技术和计量模式正在新经济时代出现,一些敢于弄潮的理论先驱者已经在进行创新的尝试。

市场国际化和需求主导化已经成为当代经济发展的主要特征,需求的多样性和经营环境的多变性,使得20世纪20年代创建的以"大量大批生产"为主的制造生产模式与市场变化趋势之间的矛盾越来越明显。正因为如此,20世纪50年代以来,许多国家在政府的干预下,进行了制造企业的管理改革,提出了像准时制(JIT)、计算机集成制造系统(CIMS)、并行工程(CE)、经营流程重组(BPR)等管理思想和方法。然而,事实证明,虽然这些措施能局部地改善企业的绩效,但还不能从根本上解决企业生产模式与市场需求之间的矛盾。人们也逐步意识到,像这类仅仅优化企业内部资源配置的管理措施,仍然难以使企业适应市场的快速变化。

在这种背景下,美国等发达国家率先从战略的高度研究企业组织和管理模式。1988年美国GM(通用汽车)公司和Lehigh大学(理海大学)共同提出敏捷制造(AM)。1990年日、美、加、澳及西欧各国联合进行为期10年的智能制造系统(IMS)的研究和开发。1992年德、美等国提出精益生产(LP)。1994年日本提出可获利的精良制造系统(LPM);德国人也提出改变工业组织结构的分形公司(Fractal Company)等振兴制造业、改变企业组织机构的对策。与此同时,许多企业在竞争激烈的环境中,逐渐关注企业经营的外部环境,并开始与相关的供应商、销售商、用户建立起相互协作的战略伙伴关系。全球制造、虚拟企业、横向联合、战略联盟、跨国企业经营等管理思想和组织形式也应运而生。可以说,企业国际化和全球化制造是企业组织形式的一种发展趋势。供应链管理(Supply Chain Management,简称 SCM)是顺应这种潮流的一种新的管理思想。

供应链是指一个企业与其供应商、供应商的供应商,以此向前直到最初的供应商,以及与其销售商、销售商的销售商,按此向后直到最终用户之间的关系网链。供应链管理是市场渠道各层之间的一个连接,是控制供应链中从原材料通过各制造和分销层直到最终用户的一种管理思想和技术。供应链管理也是一种新的管理策略,它强调供应链上各参与成员及其活动的整体集成。它把不同企业的目标集成起来,以增加整个供应链的效率。供应链管理的出发点是:通过协调供应链上各成员之间的关系,高效优化配置企业内外资源,有效地控制供应链上的物流、资金流、价值流、工作流和信息流,既保持稳定和灵活的供需关系,又从整体上加快产品的响应,它已成为当代各种企业开展全球市场竞争的重要战略思想。供应链管理理论的提出是对现代管理思想的一种发展,体现在:(1)企业的概念得到了极大的扩展。企业边界已不仅仅局限在企业的物理界限上,已扩展到供应商、客户和其他关联组织等整个供应链上。(2)管理资源的范围得到扩大。原有的管理模式只考虑单个企业内部资源的有效利用,管理目标仅局限于本企业资源的最优应用,供应链管理模式的导入,将对整个供应链上各节点企业的全部资源予以考虑,以达到供应链上所有资源的最优应用。(3)可以构成一种新型的企业与企业的关系。在企业主动关注整个供应链管理的同时,供应链上各成员的业务伙伴关系便得到加强,将原有的竞争关系变为"双赢"关系。(4)是一种系统管理思想的真正体现。不再孤立地看待各企业,而是把整个供应链看成一个有机的整体。

从世界范围内看,经济全球化和国际垂直分工已经改变了世界制造业的生产格局与竞争基础。在这种情况下,作为供应链管理的核心,供应链成本分配(Supply Chain Cost Allocation,SCCA)愈来愈得到理论界和实务界的关注。因 SCCA 不同于传统会计的成本分配,需要重塑 SCCA 理论。目前,

SCCA 理论受到了会计学、经济学和管理科学等诸多学科的关注,SCCA 几乎传承了会计领域成本分配的所有原则,并吸收了经济学和管理科学的最新成果与方法。然而由于多学科的交融,SCCA 存在内在逻辑不一致、分配规则混乱和范畴不统一等诸多问题,主要有:第一,成本分配的动态稳定性问题。伴随着环境中不确定性因素的增加以及联盟内部各方势力的此起彼伏,供应链联盟动态稳定性问题的重要性日益凸显。联盟契约的稳定需要考虑成本分配的动态性,而传统的成本会计分配方法仅仅从静态的和平均的角度审视问题。目前成本会计领域所常见的平均和比例分配法只注重眼前利益,难以维持联盟的长久稳定。第二,成本分配的异质环境问题。会计学视域下的 SCCA 是基于同质性环境的分配方法,然而伴随着国际垂直分工的日益深化,供应链成本环境逐渐由同质性向异质性转变,异质环境下的成本分配问题逐渐凸显,而传统成本会计分配方法难以适用。因此,异质环境下 SCCA 动态稳定性问题已成为当前成本会计领域亟待研究的课题。

本书试图从三个方面有所创新:(1)较之以往同类型研究,本研究考虑到环境对 SCCA 影响的复杂性,采用混合模型研究方法。不同于单一研究设计方法存在的缺陷,设计方法多样化可以使失误和缺陷相互弥补。因此,这种方法不仅有效地提供了匹配分配复杂性的研究设计,同时也充分地利用了定性研究和定量研究两种范式的优势。(2)较之以往会计视域的 SCCA 研究,本研究提出供应链成本动态稳定性概念,具有较强的创新性。借鉴了管理科学研究领域关于 SCCA 动态稳定的相关成果,融合到会计视域的供应链成本分配研究中,试图提出一套异质环境下 SCCA"四维结构理论"框架。(3)本研究虽然不研究动态稳定性下 SCCA 方法的具体设计,但对实务界未来设计考虑动态稳定性的 SCCA 方法进行了两个关键环节的研究:第一,异质环境 SCCA 各类方法效应比较研究;第二,动态稳定性下 SCCA 影响因素研究。上述两个方面成果有助于为实务界设计动态稳定性下成本分配方法提供规则和标准的理论依据。

本书受到国家自然科学基金项目"异质环境下供应链成本分配动态稳定研究"(71772036)的资助。在写作过程中得到了许多专家学者的热情关怀和悉心指导,得到笔者所在学院领导的悉心帮助,得到东南大学出版社的鼎力支持。在此,我们表示衷心的感谢!还要感谢所有帮助过我们的同事、朋友和学生。最后,真诚地感谢我们的家人,他们的关心和帮助使得本书得以顺利完成。本书在写作过程中,参考了许多管理方面的著作和资料,并从中吸收了许多有价值的材料和观点,在此向有关作者致谢。由于笔者水平有限,错误和缺点在所难免,敬请广大读者批评指正。

目 录

第一章 绪论 ··· 1

  第一节 问题提出 ·· 1

    一、研究背景 ··· 1

    二、研究意义 ··· 3

  第二节 本书的研究思路与方法选择 ····································· 4

    一、研究思路 ··· 4

    二、研究方法 ··· 6

  第三节 本书涉及的主要概念界定 ······································· 8

    一、供应链成本分配(Supply Chain Cost Allocation, SCCA) ············ 8

    二、分配决策分配(Allocation Based on Distribution Decision)与供给
       决策分配(Allocation Based on Supply Decision) ················· 9

    三、同质成本分配(Homogeneous Cost Sharing)与异质成本分配
       (Heterogenous Cost Sharing) ·································· 9

    四、成本分配的动态稳定性(Dynamic Stability of Cost Allocation)和成本
       公理(Cost Axiom) ·· 10

  第四节 本书的特点与结构安排 ·· 11

    一、本书的特点 ·· 11

    二、本书的结构安排 ·· 12

第二章 供应链成本管理与成本分配 ····································· 14

  第一节 供应链成本管理 ··· 14

    一、供应链成本管理的产生 ·· 15

    二、供应链成本管理的流派 ·· 17

三、供应链成本管理的方法 24
第二节　供应链成本分配 33
一、SCCA 的产生 33
二、SCCA 的过程 37
第三节　供应链成本分配分类 41
一、分配决策和供给决策 41
二、同质成本分配与异质成本分配 47
第四节　供应链成本分配多元化的统一 58
一、管理学领域的成本分配 58
二、经济学范畴的成本分配 59
三、会计学范畴的成本分配 59
四、SCCA 内涵与外延的协整 60
第五节　本章小结 62

第三章　供应链成本分配的动态稳定理论 64

第一节　供应链成本分配的静态稳定视角 64
一、SCCA 的静态结构和特征 64
二、成本核算和成本预算的静态结构表现 65
三、SCCA 静态结构的局限 66
第二节　供应链成本分配的动态稳定性 67
一、动态稳定性概念的引入 67
二、公平与激励制衡的 SCCA 68
第三节　博弈论中成本分配动态性思想借鉴 71
一、SCCA 动态稳定的价值导向 71
二、博弈论中成本分配动态性概述 73
三、成本分配的动态稳定性判定 73
四、SCCA 动态稳定性的分析步骤 75
第四节　供应链成本分配动态稳定性的"四维结构" 76
一、SCCA 动态稳定性的"四维结构"的概述 76
二、核心动力和约束标准 77

三、环境基础和输出功能 ·················· 79
　第五节　本章小结 ···························· 80

第四章　成本公理与稳定性公理 ·················· 83
　第一节　成本公理的概念和演进过程 ················ 83
　　一、成本公理的概念与作用 ·················· 83
　　二、成本公理的演进过程 ··················· 84
　第二节　"三级式"成本公理的组成 ················· 85
　　一、基本公理性质 ····················· 85
　　二、一般成本公理性质 ···················· 86
　　三、特殊成本公理性质 ···················· 87
　　四、同质与异质成本分配满足公理的要求 ············ 88
　第三节　成本公理体系的再认识 ··················· 89
　　一、"三级式"的公理框架的局限 ················ 89
　　二、新公理体系的重塑 ···················· 90
　第四节　公理与成本分配动态稳定 ················· 91
　　一、公理中动态稳定性表现 ·················· 91
　　二、成本分配方法动态稳定评价体系 ·············· 92
　第五节　本章小结 ···························· 94

第五章　供应链成本分配的动力机制：基于系统动力学分析 ······ 96
　第一节　问题提出：SCCA 的动力机制 ··············· 96
　第二节　SCCA 动力系统构成与因果循环 ·············· 98
　　一、商业自利性子系统 ···················· 99
　　二、政治多维性子系统 ··················· 100
　　三、管理多目标性子系统 ·················· 101
　第三节　SCCA 的系统动力学模型构建 ·············· 102
　　一、SCCA 系统动力学流图 ·················· 102
　　二、变量说明 ······················· 103
　第四节　模型的仿真与分析 ···················· 104

一、供应链选取与数据来源 …………………………………… 104
　　二、模型检验 …………………………………………………… 105
　　三、模型仿真模拟 ……………………………………………… 107
　　四、灵敏度分析 ………………………………………………… 108
第五节　本章小结 ……………………………………………………… 111

第六章　异质环境下具有偏好纵向研发联盟动态稳定性 …………… 113
第一节　研究背景与研究目的 ………………………………………… 113
　　一、研究背景 …………………………………………………… 113
　　二、研究目的 …………………………………………………… 114
第二节　模型设置 ……………………………………………………… 115
　　一、问题描述 …………………………………………………… 115
　　二、符号说明 …………………………………………………… 115
　　三、模型假设 …………………………………………………… 117
第三节　分散决策模型 ………………………………………………… 118
　　一、短视供应链情境 …………………………………………… 118
　　二、长视供应链情境 …………………………………………… 120
　　三、策略对比 …………………………………………………… 122
第四节　集中决策模型 ………………………………………………… 124
　　一、短视供应链情境 …………………………………………… 124
　　二、长视供应链情境 …………………………………………… 125
　　三、策略对比 …………………………………………………… 127
第五节　收益分配及其动态稳定性分析 ……………………………… 129
　　一、收益分配结果 ……………………………………………… 129
　　二、分配结果数值模拟 ………………………………………… 132
　　三、分配结果的动态稳定性分析 ……………………………… 134
第六节　本章小结 ……………………………………………………… 135

第七章　异质环境下考虑权力结构的横向零售商联盟稳定性 ……… 137
第一节　研究背景与研究目的 ………………………………………… 137

  一、研究背景 ·· 137
  二、研究目的 ·· 138
 第二节　模型构建与模型分析 ·································· 139
  一、模型构建 ·· 139
  二、模型分析 ·· 140
 第三节　敏感性分析 ·· 148
 第四节　动态稳定的分配方法比较 ····························· 153
 第五节　本章小结 ··· 155

第八章　结论与建议 ··· 156
 第一节　研究结论 ··· 156
 第二节　研究展望 ··· 158

参考文献 ·· 160

第一章 绪 论

本章为全书的绪论章节。首先将根据研究目的来简述本书的研究背景，而后阐述本书的研究思路与研究方法，界定与本书相关的主要概念，然后指出本书写作的特点，在本章的最后将介绍主要内容和结构安排。

第一节 问题提出

一、研究背景

供应链成本分配（Supply Chain Cost Allocation，SCCA）是供应链成本核算内核和供应链成本管理信息表达，它不同于一般企业成本分配，以追求整条供应链成本最优为目标来替代链上单个企业成本最优，提升供应链整体竞争优势（Seuring，2009）[1]。从世界范围内看，SCCA愈来愈得到理论界和实务界的关注。近年来，制造业国际分工模式发生了巨大变化，由传统产品间分工转化为更多的产品内的垂直分工[2]。而且这种产品内垂直分工又将产品生产过程工序环节独立出来，分散到不同国家组织生产①。产品生产过程所包含的研发设计、生产制造、营运销售等不同工序和环节被分解到不同国家的不同企业。供应链核心企业成为这种全新产品内垂直分工的"主要承担者"，它们首先对世界各地的生产资源进行整合，采用投资建厂或业务外包的形式，建立起世界范围的工厂或制造基地，形成庞大的全球生产网络；然后

---

① 对于生产环节跨国界分布并通过垂直贸易链相互连接的现象，国内外学者使用产品内分工、国际垂直专业化、国际生产分割、国际生产分散化、全球生产分享、国际外包、价值链切片等不同术语加以描述，本书对此不做严格区分。

利用外包形式进行有效分工,外包从形式到内容都得到极大丰富,服务外包的发展则更为迅猛;最后供应链核心企业通过供应链这一组织模式使产品内分工得到有效的实现[3]。经济全球化和国际垂直分工已经改变了世界制造业的生产格局与竞争基础。因此,供应链核算(SCA)和供应链成本分配(SCCA)就成为这种国际分工环境下的必然产物[4]。

然而实践中,供应链联盟合作存在着较高的失败率和不稳定性。Wang和Zajac(2007)通过对800多家联盟组织的实证统计分析,认为联盟合作能够成功的只有45%左右[5]。而自从20世纪90年代以来,能够持续4年以上的研发联盟只有40%,Park和Russo(1996)指出战略联盟失败率高达50%以上,所以联盟的稳定性已经成为现实中不可忽视的问题[6]。并且伴随着制造业环境的剧烈变化,同质环境逐渐异变为异质环境,这给联盟的动态稳定性带来了更大的挑战,研究异质环境下SCCA的动态稳定性的重要性和紧迫性日益凸显。目前,SCCA理论受到了会计学、经济学和管理学等诸多学科的关注,SCCA几乎传承了会计领域成本分配的所有原则,并吸收了经济学和管理学的最新成果与方法。然而由于多学科的交融,SCCA存在内在逻辑不一致、分配规则混乱和范畴不统一等诸多问题:第一,成本分配的动态稳定性问题。伴随着环境中不确定性因素的增加以及联盟内部各方势力的此起彼伏,供应链联盟动态稳定性问题的重要性日益凸显。联盟契约的稳定需要成本分配的动态性考虑,而传统的成本会计分配方法仅仅从静态的和平均的角度审视问题。目前成本会计领域所常见的平均和比例分配法只注重眼前利益,难以维持联盟的长久稳定(Nagarajan等,2010)[7]。第二,成本分配的异质环境问题。会计学视域下的SCCA是基于同质性环境的分配方法,然而伴随着国际垂直分工的日益深化,供应链成本环境逐渐由同质性向异质性转变,异质环境下的成本分配问题逐渐凸显,而传统成本会计分配方法难以适用。其中最为凸显的即为成本分配的动态稳定性问题。因此,SCCA动态稳定性问题已成为当前成本会计领域亟待研究的课题。

立足于中国情境来研究制造业SCCA的异质环境和动态稳定性问题尤为重要。经济全球化和国际垂直分工正在逐渐改变世界制造业的生产格局与竞争基础,中共中央、国务院已于2019年5月出台《国家创新驱动发展战略纲要》,产业转型升级成为新常态下经济改革的重中之重。伴随着生产性服务业的日益发展,我国传统制造型供应链越来越多地向融合生产与服务的综合型供应链转变,逐渐体现出异质性。针对上述供应链联盟中存在的实际问题,本书基于制造业国际分工新模式背景,探索一套SCCA动态稳定性的规律与框架,着力研究企业在不同供应链联盟下的成本分配策略及联盟的稳定性,回答企业在新型供应链联盟实践中所亟须解决的问题,为供应链联盟的有效实施和推广应用提供指导和理论支持,以进一步提高企业的供应链管理水平。因此,本书不仅具有重要的现实意义和潜在的应用价值,对推动供应链管理理论的进一步发展也有积极的作用。

二、 研究意义

全球化垂直分工的产业模式使得供应链管理成为学术界关注的重点,而供应链的稳定性亦成为当今研究的热门。成本(C)、质量(Q)、时效(T)、服务(S)和环境(E)均是影响供应链稳定性的关键因素。供应链联盟成立的基础是"合作共赢",因此成本分配稳定性对于契约关系为主的供应链联盟尤为重要,有效且稳定的分配机制是供应链联盟得以维系的基础。因此,SCCA及稳定性的研究是供应链成本管理的核心,有效且稳定的SCCA理论与方法对于提升供应链竞争能力,维系供应链联盟稳定意义重大。

理论意义 第一,提出了SCCA的动态稳定性特征。现有的成本分配稳定性研究都是静态的,假定没有博弈者可以通过一步偏离均衡状态后而马上获益。然而日益激烈的竞争环境使得供应链运作情况瞬息万变,供应链联盟契约的稳定尤其需要成本分配的动态性考虑。本书采用博弈论和结构方程等方法从管理理念、研究视角以及研究工具等方位构建一个SCCA的整体分析框架,发掘并证明隐含在SCCA背后的动态稳定性内在逻辑,弥补了现有SCCA只考虑静态稳定的不足。第二,丰富了SCCA的理论体系。供应链的形态以及链上成员企业自身的一些主观偏好及客观位置等因素都会对成本分配决策产生影响,进而影响到整条供应链的稳定状况。本书充分考虑横向和纵向供应链形式,以及成员企业的不同偏好和所处位置因素,对于其最优成本策略进行分析,并验证各种联盟结构的动态稳定性。既突出了供应链上成员企业的行为特点,又丰富了SCCA的研究范式。对供应链优化提出了新的考量,亦使SCCA稳定性的研究具象化、实践化。第三,扩展了供应链动态稳定性的研究视角。一是研究 SCCA 的动态稳定性的动力来源,SCCA 系统是一个由商业自利性、政治多维性和管理多目标性三个动力子系统构成并协同作用的复杂动态系统;二是构建 SCCA 方法动态稳定评价体系。这两方面研究既可丰富供应链动态稳定性理论研究视角,也可以为供应链管理者提供更多指导性建议。

实践意义 第一,为中国制造企业 SCCA 方法选择提供理论支持。中国已经深深融入国际专业化分工体系之中,因此研究全球生产网络下制造业供应链的成本分配问题,具有现实的理论指导意义。第二,为 SCCA 规则提供目标指导。本书聚焦于研究成本分配背后的规则,指出供应链的动态稳定性运转应为其成本分配规则的导向,这为我国供应链联盟中成员企业的成本分配方法选择提供了支持。第三,为管理者促进供应链动态稳定提供方法建议。本书研究发现组织间的合理的成本分配能够有效提升联盟的动态稳定性,这为供应链中核心企业的管理者对于联盟中各个成员企业进行成本管理提供了依据。

第二节 本书的研究思路与方法选择

一、研究思路

立足世界范围内的国际垂直分工趋势与我国生产性服务业转型升级的背景,从 SCCA 的目标出发,运用会计学、生产运作统计学、博弈论等学科领域的最新方法,以中国制造和制造性服务业企业为对象,研究会计视域下 SCCA 的内在逻辑及理论缺陷,并从分配目标、动因和行为三个方面进行研究,试图构建异质环境下 SCCA 的动态稳定性研究框架,并以我国制造和制造性服务业企业为案例进行实证检验。研究成果可为中国制造和制造性服务业企业 SCCA 提供理论指导,也为供应链间合作企业的收益分配和快速报价提供分配规则。为达到以上研究目的,本书拟用以下研究思路对 SCCA 的动态稳定性问题进行研究。

(1) 供应链成本管理和 SCCA 理论研究。本书拟对 SCCA 的动态稳定性进行研究,首先想为读者梳理散见于管理学、经济学和会计学中的供应链成本管理和成本分配理论文献与成果;厘清目前供应链成本管理的不同流派和考察视角;比较管理学、经济学和会计学的SCCA的内涵、外延的差别,并试图给予协整和统一;最后较系统地论述SCCA的过程和信息质量要求等。

(2) SCCA的动态稳定性理论构建。该部分研究主要从整体角度研究SCCA的动态稳定性,试图构建一套SCCA的动态稳定性理论体系,是本书的统领章节,后续章节围绕其展开。本部分首先提出SCCA的静态结构理论,探讨静态结构的特点和成本核算、预算两类系统的表现方式,并指出SCCA静态结构中"短视"和"平均"等局限性;提出SCCA的动态稳定性"核心动力—约束标准—环境标准—输出功能"的四维结构理论,并指出:第一,成本分配的动态稳定性是指在成本分配过程中,充分考虑某个成本分配方法会引发"远视"供应链成员企业一系列相应的行动,甚至导致联盟结构发生根本性的变化。第二,公平与激励制衡的成本分配规则呈现"价值取向"法则。分配方法的主要与次要稳定性性质取决于具体的供应链联盟结构与功能决定的成本分配"价值导向",供应链联盟成本分配的实际情景中往往需要判断公平与激励中哪个是理想分配方法的主要性质,而哪个又是次要性质。第三,公平与激励制衡的成本分配规则,不仅能保证供应链联盟合作阶段的稳定,还将促使供应链联盟竞争阶段绩效的提高,最终实现供应链联盟稳定、高效运行。

(3) 成本公理与稳定性公理研究。该部分研究主要从成本公理角度研究SCCA的动态稳定性,是对SCCA动态稳定性进行细化拓展分析的第一个视角。首先通过梳理公理化成本分配自1953年由Shapley首次提出至今近70年的研究成果,展示基本公理、一般公理和特殊公理的三层结构成本公理体系,以及同质和异质成本分配满足条件。在此基础上,再论成本公理体系,提出"三级式"结构的公理框架的缺陷,探讨建立以价值(目标)导向式的成本分配公理体系的合理性。最后以合作博弈作为桥梁,探寻合作成本分配博弈与合作联盟生成博弈中解的概念的异同,并解析成本公理与联盟动态稳定的相关性。提出分配方法动态稳定性程度的检验体系,为供应链联盟分配方法选择提供依据。

(4) SCCA动态稳定性的动力来源研究。该部分研究主要从动力来源角度研究 SCCA 的动态稳定性，是对 SCCA 动态稳定性进行细化拓展分析的第二个视角。采用系统动力学方法，动态仿真与模拟 SCCA 三维驱动力量的内在一般规律及其动态演变趋势。并对 SCCA 潜在的三维驱动力量，即商业趋利性模块、管理多目标性模块、政治多维性模块的内在研究假设、遵循的原理以及对供应链成本分配规则的影响规律与特征，进行深入的研究与分析。最后，提出具有一般性的研究结论。

（5）异质环境下具有偏好纵向研发联盟动态稳定性研究。该部分研究主要从异质环境下垂直结构供应链角度研究不同偏好对 SCCA 的动态稳定性影响，是对 SCCA 动态稳定性进行细化拓展分析的第三个视角。引入 SCCA 的远视动态稳定性研究的基础上进一步对供应链联盟成员短视与长视稳定性偏好进行研究，探究异质 SCCA 各种规律变化情况，揭示供应链联盟成员短视与长视稳定性偏好下的不同结果。

（6）异质环境下考虑权力结构的横向零售商联盟稳定性研究。该部分研究主要从异质环境下混合结构供应链角度研究不同权力结构对 SCCA 的动态稳定性影响，是对 SCCA 动态稳定性进行细化拓展分析的第四个视角。运用分配方法动态稳定性程度的检验体系，可以证明成本分配不同"价值导向"是受供应链联盟结构和功能两方面决定的。

（7）最后，在以上研究内容的基础上，归纳研究结论并提出政策建议。

本书的技术路线如图 1—1 所示。

二、研究方法

本书将以规范研究方法和案例方法为基础，定性分析方法与定量分析方法相结合，根据研究问题需要运用博弈、最优化等数学研究方法。

（1）跨学科研究法

跨学科研究法，又称为"交叉研究法"，是指综合运用多种学科的理论、方法和成果从整体上对某一问题进行研究的方法。本书的研究涉及经济学、社会学以及系统科学中的系统动力学等相关理论与方法。因此，本书利用了学科知识交叉的研究方法，对 SCCA 动态稳定性问题进行系统、动态研究。

（2）文献研究与规范分析方法。以供应链理论、组织经济学理论、成本理论为指导，广泛查阅国内外相关文献，关注 SCCA 研究领域最新动态和理

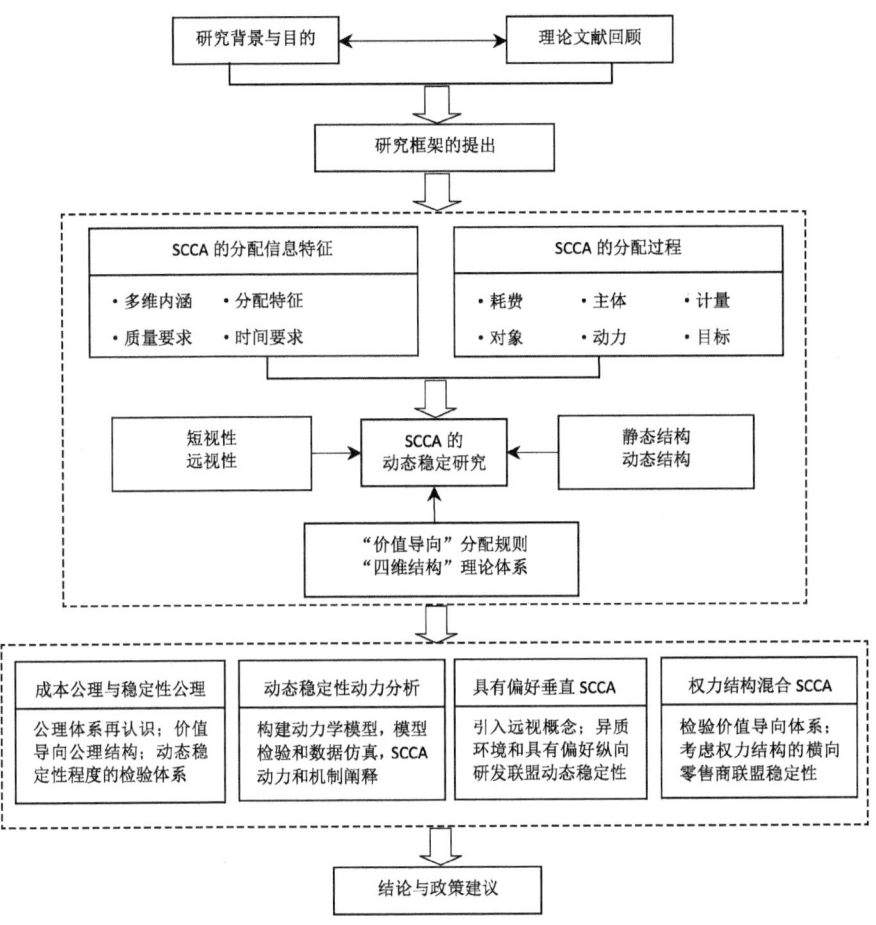

图1-1 本书的技术路线图

论前沿,密切跟踪企业间成本分配问题和现状,通过理论分析与现象解析,分析SCCA内在机理,构建SCCA权变理论框架。

(3)博弈研究方法。在对问题运行机理进行定性分析的基础上,采用博弈分析方法构建SCCA的博弈分配模型,量化分析供应链间成本分配主体之间议价行为和博弈分配结果的变化,论证SCCA的本质、规律和制衡机制。

(4)案例与数值模拟分析。为了验证理论分析结果的正确性,在模型构建求解的基础上,运用实例和数值分析对问题进行深入总结和计算模拟,验证所研究问题的结论与规律。

(5) 混合模型研究法。混合模型方法是一种将定性研究路径与定量研究路径结合起来的独特方法,它将定性和定量方法结合起来使失误与缺陷得到相互补偿(Tashakkori 和 Teddlie,2003)[8]。所以,本书采用了混合模型方法,将研究内容连接起来。该方法利用了定性和定量研究两种范式各自的优点,但也增加了本书研究设计的复杂性。

第三节 本书涉及的主要概念界定

一、供应链成本分配(Supply Chain Cost Allocation,SCCA)

SCCA 是供应链成本管理的核心基础,指对供应链环节上供应链成本核算、供应链目标成本分解、供应链收益分配三个领域按一定规则归集分配到成本对象的过程。常规的成本管理与核算一般局限于单个企业,供应链成本核算的基础理念是将单个企业成本管理的方法应用于整个供应链,即将其方法拓展到组织的边界之外,旨在基于整条供应链的视角来充分识别链上所有参与者的价值增值活动。供应链成本核算在识别与汇总供应链成本的同时,体现出成本分配过程的特征与实质(殷俊明等,2014)[9]。供应链作业成本法首先将资源在节点企业内部进行归集和分配,得到每一工序应承担的成本,累加得零部件成本。零部件层次的成本伴随着零部件在节点企业之间的转移而产生;各种零部件从不同的供应商处转移至制造商,并经过生产工序形成半成品,即零部件直接成本和加工作业成本之和构成产品功能层次的成本;对散布于不同功能层次的半成品进行整合加工,形成供应链最终产品。相应地,各功能层次成本、整合加工作业成本以及节点企业之间的交易成本之和最终构成了整条供应链的总成本。供应链成本核算中的成本分配注重成本的计量逻辑,属于事后分配。而事前的成本预算的成本分配关注事前任务目标的分解,对于整个供应链管理的意义更为重大(Cooper 和 Slagmulder,2004)[10]。

本书的成本分配概念是广义的,我们试图把管理学、经济学和会计学的成本分配概念协整和统一起来。本书中成本分配与收益分配是同义词。

二、分配决策分配（Allocation Based on Distribution Decision）与供给决策分配（Allocation Based on Supply Decision）

SCCA 按照成本分配的目标不同，可以将成本分配划分为两种决策类型：一种决策考虑的是资源分配的具体公式或原理，称为分配决策（Distribution Decision），主要涉及分配规则的选择。这种决策对应于生产过程的终点，在局中人联盟形成并产生收益后，往往存在多种合理的分配方法，每种方法都具有一定优点，分配决策需解决的问题是如何根据各种分配问题的特性选择合乎公平性要求的分配方案，在这方面，合作博弈论得到广泛应用。另一种决策要考虑被分配货物总量的变化，称为供给决策（Supply Decision），主要涉及资源配置的效率性问题，研究每个代理人如何根据他对需求的偏好和成本份额有策略地选择行动方案。此种决策对应于生产过程的起点，主要研究在不同的分配规则下联盟总产量的问题，在这方面，非合作对策起到重要作用。套用通俗的说法，供给决策主要研究"分蛋糕"对于"造蛋糕"的影响问题。这两种决策的关系是：对某种特定的分配规则，可构造一个对策，即代理人有策略地选择他们的需求，从而确定出总产量。这两种决策往往用不同的方法分别分析。分配决策是狭义成本分配理论最重要的研究领域，主要着重影响 SCCA 的稳定性，而供给决策是广义成本分配，则注重 SCCA 的激励性。

本书的 SCCA 外延是广义的，以供应链成本的分配决策为主，但也涵盖了供给决策内容。

三、同质成本分配（Homogeneous Cost Sharing）与异质成本分配（Heterogenous Cost Sharing）

SCCA 按照成本分配的环境不同，可以将成本分配划分为同质成本分配与异质成本分配两种类型。同质成本分配是指分配的参与者对产出具有同质的一定量的需求，或进行了同质的一定量的投入，并根据其需求或投入分配成本。同质投入或产出可以通过表达形式或计量单位的转化将 n 种投入或产出合并为一种。这里的投入或产出可理解为分配依据。换句话说，如果一个成本集合中所有活动成本与其成本动因之间具有相同或类似的因果关系或受益关系,则称该成本集合是同质的。采用同质成本集合能够得到更精确的成本分配信息。异质成本分配是指分配的参与者对产出具有异质的一定量的需求,或进行了异质的一定量的投入,并根据其需求或投入分配成本。异质投入或产出不能通过表达形式或计量单位的转化,减少产出或投入的种类,即不能合并产出或投入。如果一个成本集合中所有活动成本与其成本动因之间具有不同的因果关系或受益关系,那么该成本集合就是异质的。同质成本分配方法本身具有无可比拟的优越性,因其依据相同(或类似)的因果关系(或受益关系),使得成本分配信息更为精确。这一结论可以从目前推崇成本的精细化得到证实,因为成本归集得越精细,成本集合愈倾向于同质化。但是在全球生产网络环境下,异质特质无法避免,而且随着制造业供应链出现物流、金融等服务供应链的拓展,供应链环境变得越来越杂质化,异质分配情形大量涌现。同质成本分配就成为一种理想的假设的状态,这时如果仍然采用同质方法进行 SCCA,反而会导致成本分配结果的近似和模糊,不能得出精确的成本分配信息。

本书试图将 SCCA 环境拓展到异质成本分配的领域,克服同质成本分配方法所存在的局限性。

四、成本分配的动态稳定性(Dynamic Stability of Cost Allocation)和成本公理(Cost Axiom)

成本分配的动态稳定性是指在成本分配过程中,充分考虑某个成本分配方法会引发"远视"供应链成员企业一系列相应的行动,甚至导致联盟结构发生根本性的变化。稳定性的概念来自合作博弈理论。合作博弈理论中的稳定性与非合作博弈理论中的"纳什均衡"(Nash Equilibrium)相对应,后者指没有个人可以单独背离并让自身的境况更好。成本分配的稳定性是指:某个联盟的成员如果可以利用自己的资源让自身的境况更好,那么就可以说这个联盟能够"改进"回报向量。一般来说,一个分配如果不能被任何联盟"改进",那么它就是稳定的分配。事实上,没有联盟能够通过利用自己的资源,带来令所有成员更青睐的结果,就是所谓的稳定分配。在《论核心与不可分性》(*On Cores and Indivisibility*)一文中,Shapley 将"核心论"发展为合作博弈的一般利益分配集合,即它是一种所有成员均无法提升自身效用的稳定联盟状态。然而,大多数学者所述的稳定概念是静态思想,因为,他们的基本假设是联盟参与者是短视的。例如,非合作博弈中 Nash 均衡和合作博弈中的核(Core)、联盟核(Coalition Core)等对稳定表达都是静态的思想。本书所述的供应链成本分配的动态稳定性是"远视"稳定的概念。采用了合作博弈中最大一致集(LCS)、联盟形成均衡过程(EPCF)等理论方法来描述成本分配机制下的联盟稳定问题。

数学中的公理方法是古希腊欧几里得首创的。他在整理总结数学的丰富知识时,运用了亚里士多德的逻辑方法,选取少数基本概念和命题作为定义、公理与公设。公理方法一直是数学的一个重要方法,当数学(甚至其他学科)发展到相当成熟的阶段时,使用公理方法进行综合整理,获得更系统的知识,同时也可发现并消除某些逻辑隐患。成本公理是指用公理方法对成本分配方法进行综合整理,通过规范的或数学结构化的公理描述成本分配方法并进行成本分配方法间的比较。成本分配问题在成本公理领域取得了丰硕的成果,并逐渐成为产生新的成本分配方法的路径。

本书的 SCCA 的动态稳定性既包含静态稳定性(短视)内涵,也涵盖了动态稳定性(长视)的内容;本书的成本公理仅指 SCCA 的公理,书中着重讨论成本公理中的各类公理性质的稳定性问题。

第四节　本书的特点与结构安排

一、本书的特点

本书具有以下几点创新之处:

(1) 较之以往同类型研究,本研究鉴于环境对 SCCA 的复杂性,采用混合模型研究方法(Patton,1990)[11]。不同于单一研究设计方法存在的缺陷,设计方法多样化可以使失误和缺陷相互弥补。因此,这种方法不仅有效地提供了匹配分配复杂性的研究设计,同时也充分地利用了定性研究和定量研究两种范式的优势(Wilson 和 Creswell,1996)[12]。本研究利用混合模型研究方法,可以综合各类研究范式,很好地服务于我们的研究问题。

(2) 较之以往会计视域的 SCCA 研究,本研究提出供应链成本动态稳定性概念,具有较强的创新性。借鉴了管理学研究领域关于 SCCA 动态稳定的相关成果,融合到会计视域的 SCCA 研究中,试图提出一套异质环境下 SCCA 理论框架。

(3) 本研究虽然不研究动态稳定性下 SCCA 方法的具体设计,但对实务界未来设计考虑动态稳定性的 SCCA 方法进行了两个关键环节的研究:第一,异质环境 SCCA 各类方法效应比较研究;第二,动态稳定性下 SCCA 影响因素研究。上述两个方面成果有助于为实务界设计动态稳定性下成本分配方法提供规则和标准的理论依据。

二、本书的结构安排

本书基于制造业国际分工新模式背景,立足中国情境,探索一套异质环境下 SCCA 公平与效率协整的规律与框架,为供应链企业成本核算和管理提供理论依据和实证数据。主要结构如下:第一章,绪论。论述本书的研究背景和研究意义,确立研究思路和研究方法,界定书中所涉及的主要概念,明确本书的创新点和结构安排。第二章,供应链成本管理与成本分配。分析供应链成本管理产生的背景,回顾会计学领域、管理科学领域的 SCCA 理论成果,并作了协整与统一,在此基础上明确本书的研究视角与方向。第三章,SCCA 的动态稳定理论研究。基于广义的成本分配概念,本书回顾供应链成本静态结构内容及其特点,分析其存在的局限性,提出一套 SCCA 动态稳定理论体系。第四章,成本公理与稳定性公理研究。本章评述成本公理三种类型,并根据自己的观点提出公理系统需要重构。最后研究了成本公理中 SCCA 动态稳定性问题。第五章,SCCA 的动力机制研究。本章采用系统动力学方法,在对 SCCA 三个动力维度进行内部因果分析的基础之上,建立了系统流程图以及表明变量之间关系的动力学模型,同时进行了系统模拟仿真分析。第六章,异质环境下具有偏好纵向研发联盟动态稳定性。引入 SCCA 的远视动态稳定性研究的基础上进一步对供应链联盟成员短视与长视稳定性偏好进行研究,探究异质供应链联盟成本分配问题。第七章,异质环境下考虑权力结构的横向零售商联盟稳定性研究。考虑供应链权力结构影响横向定价—采购供应链联盟,在垂直和水平供应链方向上,制造商或零售商为供应链主导或无主导,零售商虽然销售相同的产品但存在规模差异,供应链联盟中的权力距离存在多种可能性。研究 Shapley 值和平等分配法不同条件下"支配"和"平等"两种价值导向动态稳定程度上孰优孰劣。第八章,结论与建议。本章主要通过之前的模型分析和文献分析得到本书的研究结论,并在此基础上提出相应的政策建议。最后根据本书的研究局限,提出下一步的研究展望。

本书的结构安排列表如下所示(表 1-1)。

表 1-1 本书的结构安排

本书的研究流程	本书的章节安排
明确本书的研究背景、研究目的和研究方法等	第一章 绪论
对供应链成本管理与成本分配理论进行梳理和评述	第二章 供应链成本管理与成本分配
提出供应链成本分配动态稳定性理论	第三章 供应链成本分配的动态稳定理论
引入成本公理和对公理体系中稳定性公理述评	第四章 成本公理与稳定性公理
分析供应链成本分配动态稳定性的动力来源	第五章 供应链成本分配的动力机制
供应链成本分配动态稳定性具体应用	第六章 异质环境下具有偏好纵向研发联盟动态稳定性
供应链成本分配动态稳定性具体应用	第七章 异质环境下考虑权力结构的横向零售商联盟稳定性
得出研究结论并提出相应的政策建议	第八章 结论与建议

第二章 供应链成本管理与成本分配

本章论述的供应链成本管理及成本分配理论是传统的成本管理和成本分配,与本书后文中所提到的 SCCA 的动态性理论有所不同。作为后文的前导章节,本章主要从两个角度介绍了传统供应链成本管理及成本分配理论,梳理了供应链成本管理的产生、流派以及方法,并进一步研究了 SCCA 所产生的背景、目标、过程以及结构,为本书的后续章节提供了理论支撑。

第一节 供应链成本管理

供应链管理(Supply Chain Management,SCM)产生于 20 世纪 90 年代,被认为是面向 21 世纪的先进管理思想和管理模式,也是近年来理论界和实务界研究和应用的一个新的热点。供应链管理活动必然导致费用的发生,产生相应的成本,需要对其成本进行管理。现有文献一般就减少循环时间、压缩存货库存,从而降低供应链总成本,提高供应链效率等进行研究,没有从供应链管理的角度考虑有利于供应商和客户的交易成本。因此,供应链成本管理是对全球生产网络中有合作关系的企业进行的一种成本管理思想和方法,旨在通过调整网络组织中各企业的流程活动使供应链的总成本降低。通过跨组织的供应链成本管理,对降低总成本的各种改进措施所带来的超额收益会让所有的参与企业共享。这种共享可以刺激供应链中所有的参与企业更好地共同合作。供应链成本管理已经成为经济全球化和国际垂直分工下企业获取持久竞争优势的一种成本环境。

一、供应链成本管理的产生

管理学大师德鲁克说过:"21世纪的竞争不再是企业与企业之间的竞争,而是供应链与供应链之间的竞争。"供应链的出现是市场国际化、需求主导化和信息技术革命化的必然结果。供应链扩展了企业的概念,企业边界超越了单一企业扩展到供应商、客户和其他关联组织,供应链管理的资源从单一企业的内部资源转变为各节点企业的全部资源,供应链的出现势必要以系统管理思想去处理企业之间的关系,供应链管理是顺应这种潮流的一种新的管理思想。由于供应链成本管理是供应链管理的重要组成部分,从宏观角度看,供应链成本管理的产生也是为了适应企业经营环境的变化和信息技术迅速发展的需要。

1. 市场国际化

经济全球化是一种新型的国际关系体制,其直接原因是国际直接投资。通过国际直接投资形成的生产全球化和销售全球化是企业竞争环境的重要特点。19世纪50年代,跨国公司开始形成,到了20世纪90年代,跨国公司的数量和规模得到充分发展,世界经济活动的组织方式已经成为以跨国公司为主要载体在全球范围内组织产供销,跨国公司成为国际经济交往中的"完全行为能力主体"。随着市场竞争的加剧,跨国公司开始寻求与其他公司的合作,利用其他公司的核心能力和资源弥补自身的不足,开展更高层次的竞争与合作,加强其国际竞争力,这样,"20世纪20年代以来最重要的组织创新"——"战略联盟"开始出现。战略联盟的形成意味着跨国公司开始将自身业务与合作伙伴业务集成在一起,从供应链的基础出发考察企业活动。

2. 需求主导化

19世纪80年代后,产品市场从卖方市场转变为买方市场,客户需求越来越突出个性化,产品品种成倍增长而产品寿命周期越来越短,客户对交货期的要求和服务的期望越来越高,需求主导化使得需求的不确定性不断增加,企业生产管理模式从少品种、大规模生产(Mass Production)转向多品种、大规模定制(Mass Customization),最佳的生产方式是"一对一"(One to One)的定制化服务(Customization Service),企业的营销模式也从大众营销

(Mass Marketing)阶段转向差异化营销(Differential Marketing)阶段。需求主导化要求企业从"推式"生产走向"拉式"生产,产品的开发和流动都是建立在及时响应消费者需求之上的活动,从而使集成化供应链管理(SCM)体系的建立成为必然。

3. 信息技术革命化

日益发展的信息技术打破了在时间上和空间上对经济活动的限制,信息技术实现了信息的网络化、全球化,它是企业参与供应链管理的前提条件。供应链上的信息能够准确、及时地共享,信息技术降低了企业之间以及企业与客户之间的信息传递成本。2013年8月的互联网大会中,中国工程院院士、互联网专家邬贺铨将当下信息技术应用中最重要也是最典型的"大数据、智能化、移动互联网、云计算"技术等概念概括为"大智移云",并指出这些新型信息技术在新领域将创造出一种新生态。

在上述背景下,企业开始关注外部组织环境,并开始与供应商、销售商、用户之间建立起相互协作的战略伙伴关系。Handfield和Nichols(1999)[13]给出了一个具有代表性的供应链定义:"供应链包含产品从原材料阶段到达最终用户的过程中与产品流动和转换相关的所有活动,以及相关的信息流。物质和信息都是沿着供应链自上而下地流动。供应链管理是通过更加完善的供应链关系将这些活动整合起来,从而获得持续的竞争优势"。供应链扩展了企业的概念,企业边界超越了单一企业扩展到供应商、客户和其他关联组织,供应链管理的资源从单一企业的内部资源转变为各节点企业的全部资源,供应链的出现势必要以系统管理思想去处理企业之间的关系,供应链管理是顺应这种潮流的一种新的管理思想。由于供应链成本管理是供应链管理的重要组成部分,从宏观角度看,供应链成本管理的产生也是为了适应企业经营环境的变化和信息技术迅速发展的需要。供应链管理活动必然导致费用的发生,产生相应的成本,需要对其成本进行管理。供应链成本管理是"对供应链中的所有成本进行分析和控制的方法和概念"(Seuring,2001)[14]。供应链成本管理近年来引起了足够的重视,主要原因在于两个方面:一是企业之间的竞争越来越被供应链间的竞争所取代;二是成本优化潜力只能通过管理整个供应链成本来实现。

供应链成本管理是为了适应企业战略管理的需要。根据国际著名咨询公司 Mercer 的报告,有近一半接受调查的公司经理将供应链成本管理作为公司的十项大事之首。美国 Kearney 咨询公司也指出,供应链可以耗费整个公司高达 25% 的运营成本,而对于一个利润率仅为 3%～4% 的企业而言,哪怕降低 5% 的供应链成本,也足以使企业的利润翻番。可以说,把握住供应链成本也就是把握了真正的核心竞争能力。供应链成本管理是传统成本管理系统为了弥补自身缺陷、自身变革的需要。供应链环境下的管理模式已不同于 20 世纪初以来批量生产标准产品的相对稳定的管理方式。在供应链管理环境下,许多企业发现传统的成本会计方法有碍于新管理技术的应用。例如,计量每位员工工作效率及机器利用效率的方法与企业改善产品质量、增加生产能力、降低存货水平等目标相冲突,现行的成本计量模式必须经过更新来协助管理者在新的技术环境下进行有效的过程控制。20 世纪 90 年代以来,美国、日本企业相继出现了作业成本会计、成本企划、产品全生命周期成本会计、质量成本会计、资本成本会计和战略成本会计等新型的成本会计方法,这些新成本会计方法在实际应用中已显成效,也为供应链组织间成本管理提供了理论和方法基础,有助于供应链组织间成本管理的系统化和规范化。

由此可见,供应链成本管理是一种全面性与前瞻性的管理模式,是供应链管理和成本管理相融合的产物,是传统成本管理对竞争环境变化所做的一种适应性变革,是现代成本管理发展的必然趋势。

二、 供应链成本管理的流派

供应链成本管理(Supply Chain Cost Management)是一种跨企业的成本管理,其视野超越了企业内部,将成本的含义延伸到了整个供应链上企业的作业成本和企业之间的交易成本。包括企业在采购、生产、销售过程中为支撑供应链运转所发生的一切物料成本、劳动成本、运输成本、设备成本等,其目标是优化、降低整个供应链上的总成本。供应链成本管理作为以成本为主要手段的供应链管理方法,是供应链管理体系下的核心内容之一。供应链成本管理要求企业间成本核算(Seuring 和 Goldbach,2002;Cooper 和 Slagmulder,2004)[15,10],加强针对供应链相关活动进行成本分配(Fernie 等,2001;van Damme 和 van der Zon,1999)[16-17]。只有详细评估每一层次供应链,沿着供应链公平分配成本收益,才能获得高效的价值链协调(Lalonde 和 Pohlen,1996)[18]。供应链成本管理理论的研究学者涉及经济学、管理学、会计学、物流学、行为科学等多个学科领域,研究视角和研究成果具有较大差异性。因此,本书首先对供应链成本管理不同研究视角进行系统考察和归纳梳理。

1. 经济学流派

经济学流派的研究者,主要通过交易成本理论等进行解释,认为供应链成本管理中表现出的混合控制模式,使组织能够以比通过正常交易(公平交易)或垂直整合(公司将其供应商或经销商的价值链整合进自己的价值链中)更有效率的方式获得技术、能力、经济规模(Gietzmann,1996;Meer-Kooistra 和 Vosselman,2000;Powell,1990;Sheppard 和 Tuchinsky,1996;Williamson,1991)[19-23]。经济学中的交易成本理论,为供应链成本管理提供了很好的研究基础。但是,也有学者认为,供应链成本管理中存在的信息需求、相互信任和控制系统之间的复杂关系,并不能完全由交易成本理论解释清楚(Tomkins,2001;Dekker,2004)[24-25]。

2. 会计学流派

会计学流派的学者主要从准则约束的视角,研究供应链成本管理的方法。Hervé Moulin(2002)基于可加性成本公理的同构特征,提出异质成本核算模型[26];Jens Leth Hougaard 和 Lars Peter Østerdal(2009)以及 Sprumont(2010)研究序列成本分配相关方法的公理化特征,检验不同成本分配方法对于成本公理的满足状况等[27-28]。

3. 管理学流派

Lee 等(1998)认为,由于企业间信息共享和进货合作方式的不同,供应链体系可以分为三类:非信息共享不合作系统、信息共享不合作系统、信息共享合作系统[29]。三种供应链体系中的信息共享合作系统,能给供应商和零售商双方带来最大的利益,但却增加了供应链管理的复杂性,带来了额外的成本。管理学流派的相关学者从管理学层面提出供应链成本管理采用的具体方法主要有:供应链预算和绩效计量、投资评价、目标成本、价值链分析、作业成本法、开放式会计等管理会计方法。管理学流派中还有一批偏工程管理专家。主要由设计工程师、工艺工程师和生产工程师等将非管理会计方法引入供应链管理过程中,诸如价值工程、设计共享、降低存货水平等。具体成果有:产品设计阶段的 SCC 工具,包括价值工程、价格—质量—功能(PQF)权衡、跨组织成本调查(ICI)、并行成本管理(CCM);产品制造阶段的 SCC 工具,包括改善成本法,跨组织的价值分析(VA);而为了解决组织之间的交易成本和效率问题,相应分析工具有电子商务(EC),电子数据交换(EDI),协同规划、预测和补给(CPFR),用于压缩时间、提高反应速度和服务质量的快速响应(QR)等。

供应链成本管理的经济学流派注重经济学理分析,理论指导性强;管理会计流派则注重成本的信息计量,务实性强;而管理学派则注重管理的目的和成本实质,最具有应用价值。未来发展趋势呈现出管理会计流派和工程管理流派的融合。

表 2-1 供应链成本管理理论研究学派

流派	研究内容	代表人物
经济学流派	运用交易成本理论解释供应链成本管理中的混合控制模式效率等问题	Gietzmann(1996);Meer-Kooistra 和 Vosselman(2000);Tomkins(2001);Dekker(2004)[19-20,24-25]
会计学流派	运用管理会计方法,如供应链预算、目标成本、作业成本等方法研究供应链成本管理中的成本控制、成本分配等问题	Seal 等(1999);Whicker 等(2009);Kajüter 和 Kulmala(2005);Kulmala(2002)[30-33]
管理学流派	由管理学家、设计工程师、工艺工程师和生产工程师等引入非管理会计方法,如设计共享、ICI、EDI 等,以达到降低成本、解决组织之间交易效率以及快速响应等目的	Cooper 和 Slagmulder(2004,1999),Mouritsen 等(2001);Coad 和 Cullen(2006)[10,34-36]

供应链成本管理理论不同流派研究视角和成果的差异,造就了供应链成本(Supply Chain Cost,SCC)概念范围的不断发展和变化,我们将这一涉及多学科的新兴领域概念梳理出以下六种主要观点。

表 2-2 供应链成本概念范围的不同理解

研究视角	SCC 概念和范围	特征
强调内外联系	供应链成本包括直接成本、作业成本和交易成本三个层次的成本,需要在供应链中寻找合适的合作伙伴对这些成本加以控制(Seuring,2001)	不但研究供应链上成员企业之间的成本,也研究成员企业内部成本;定义的范围宽泛
	认为合作型供应链成本包括系统所有权总成本和合作机会成本(Mclaren 等,2002)	
	供应链成本包括生产成本、运输成本、仓储成本、库存持有成本与材料内部转运成本(Sachan 等,2005)	
	认为供应链交易成本除了包括原材料成本之外,还包括供应链成员间的运输成本,质量和违规成本,延迟交货,售后服务成本等,因此,应选择优质供应商建立紧密的关系(Paulo Afonso,2012)	
	供应链成本包括生产成本、管理成本、仓储成本、分销成本、资本成本与安装成本(Annelie I. Pettersson 和 Anders Segerstedt,2013)	
强调外部联系	认为供应链成本是指供应链参与成员之间发生的交易成本,并对供应链交易成本进行定性分析(Atkinson, Banker, Kaplan 和 Young; Horngren, Foster, 2001)	将 SCC 理解为供应链上成员企业之间的成本,不研究成员企业内部成本;定义的范围狭窄
	认为供应链交易成本包括协调成本和交易风险成本,并提出了多维概念的交易成本衡量模型(Varun Grover 和 Manoj K. Malhotra,2003)	
	提出组织间(供应链)成本主要是指组织间的交易成本,主要来源于组织内部拨款事宜管理与任务协调(Dekker,2004)	
	认为供应链成本是指供应链成员间的关系成本,并应根据关系的成熟度进行成本管理(Evangelia Varoutsa, Robert W. Scapens, 2015)	
从 TQCS 视角考察	认为定性分析供应链成本时不仅要考虑狭隘的会计数据(如成本、盈利、预算),还要考虑赢得客户、产品设计、时间灵敏性等拓展的信息(Davila Alfred L. Guiffrida, 2006)	强调研究 SCC 时需要考虑 TQCS 之间的关系;广义概念

(续表)

研究视角	SCC概念和范围	特征
强调操作层面	提出分析供应链成本时需要协调供应商和客户成本,并在产品设计和生产中开展成本缩减计划(Cooper和Slagmulder;Cullen;Mouritsen;Kulmala;McIvor,2004)	强调从操作层面理解SCC概念;提出跨组织SCC概念
	认为整个供应链的成本包括固定成本摊销与期间营业成本(Su等,2005)	
	提出应结合供应链多主体系统与供应链事件归因提高供应链成本协调(Jianxi Fua, Yuanlue Fu, 2012)	
强调战略层面	提出供应链成本的综合性概念框架(市场导向型、整体性、预见性、连续性、共享、跨职能);成本导向型的预想系统,考虑了供应链成本理论中的组织问题(Peter Kajüter, 2002)	强调从战略层面理解SCC概念;提出前瞻式SCC概念框架
	提出供应链成本取决于供应链战略管理的价值主张和组织设计(Anderson, 2007)	
	认为供应链是战略联盟,即两个或两个以上的独立公司在产品或服务的生产、开发和分销中共同努力。这些战略联盟通常是组织之间的长期协议。这种模式超出了正常的市场交易范围,公司可以相互合作,但又不放弃其独立性或自主权。考虑了供应链成本理论中的联盟战略问题。(Paolo Edoardo Coti-Zelati等,2018)	
战略层与经营层面联系	认为供应链成本包括职能和制度两个层次的成本,从组织角度提出供应链成本核算的两种概念:供应链目标成本法和供应链作业成本法。委托代理关系在供应链成本管理中具有重要作用(Maria Goldbach, 2002)	强调研究SCC需要从战略和操作(经营)两个层面加以理解;将战略成本、作业成本、营销、政策等应用于供应链环境中的成本系统
	结合战略和经营两个层次,整合精益思考、战略成本、营销、政策、成本驱动因素等,并应用于供应链环境中的成本系统(Hines, Silvi, Bartolinni, 2002)	
	供应链成本结构应与其战略保持一致。供应链成本的两大动因是:组织结构动因,反映投资决策和公司运营杠杆的结构性成本;执行成本动因,反映了执行策略的有效性和效率(Chang, Hsihui等,2017)	

国外学者界定供应链成本概念和范围可以分为宽派与狭派、单视角派与多视角派。狭派的代表人物有 Atkinson 等(2001)以及 Grover 和 Malhotra(2003),他们认为 SCC 概念仅仅是指供应链环节上的成本管理,不包括成员企业内部的产品成本管理[37-38];Seuring(2001)和 McLaren 等(2002)则为宽派学者,他们认为 SCC 不仅研究供应链上成员企业之间的成本管理,而且还要研究成员企业内部产品成本管理,并认为它们之间必须结合研究才有意义[14,39]。对供应链的成本概念和范围还可以从单视角或多视角来考察。Davila(2000)和 Guiffrida 和 Nagi(2006)等学者强调研究 SCC 时需要考虑 TQCS 之间的关系,这是 SCC 的多维度广义概念,区别于传统成本仅研究成本维度的特点[40-41];Cooper 和 Slagmulder(1999)等学者强调从操作层面理解 SCC 概念,提出采购商和供应商协同在产品设计和生产过程中开展成本削减计划[34]。另外,Kajüter(2002)强调从战略层面理解 SCC 概念,使 SCCM 能够系统化和持续进行[42];而 Seuring 和 Goldbach(2002)以及 Hines 等(2002)则强调研究 SCC 需要从战略层面和操作(经营)层面两个层面加以理解[15,43]。我国学者也将定义和衡量供应链成本作为分析供应链寻找成本节约机会的首要步骤,认为成本缩减不仅存在于企业自身的作业成本,还包括供应链整合过程中的机会成本、管理成本、关系成本等,这其实是广义概念的 SCC 构成[44-45]。虽然国内外学者对 SCC 概念和范围理解不尽相同,但通过对 SCC 不同概念和范围的比较却给我们勾画出一幅色彩丰富的供应链成本图景。

供应链成本理论研究与企业各领域的实践活动相伴相生。例如,供应链发展和外购决策通常由成本激发,而这也导致许多学者和实践家愈加关注供应链成本研究。有些学者研究成本信息在供应链环境中的运用;而有些研究则描述分析供应链成本技术方法的实践。为了更好地理解供应链成本理论的发展脉络,本书分别梳理总结了国内外学者研究供应链成本的理论研究,着重关注供应链成本方面的焦点及实施的解决方案,总结出 SCC 的五大题域:(1)SCC 研究专题。具体包括 SCC 中的成本核算问题、SCC 中的成本目标分解问题、SCC 中的超额收益分配问题、SCC 中的成本与复杂性管理问题、SCC 中的成本与交货期和质量以及服务关系问题、SCC 中的成本与战略关系问题、SCC 中的转移定价问题。(2)SCC 分析工具。分析工具有基于目标成本法的 SCC 分析、基于作业成本法的 SCC 分析、基于跨组织 VCA 的 SCC 分析、基于全生命周期的 SCC 分析、基于开放式会计的 SCC 分析、基于金融工具的 SCC 分析、基于信息技术的 SCC 分析、基于跨组织绩效衡量的 SCC 分析。(3)SCC 模型构建。所构建模型有库存模型等、JIT 分配模型、供应链规划参考模型、流程链与成本模型、评估供应链失销成本模型、成本优化模型、期权交易模型。(4)SCCM 构成。主要包括：SCC 的预测、SCC 的目标计划、SCC 的核算、SCC 的控制、SCC 的考核分析。(5)研究方法。具体包括案例分析、实证研究、演绎归纳、仿真试验等研究方法。比较而言，国外学者研究分析 SCC 和应用模型构建时，往往注重从企业日常运营的实际问题出发，并将其在企业中应用加以改进，获得了卓越的成效；而我国学者现阶段关于 SCC 的研究多数停留在概念框架设计、理论模型层面，实践检验较少。

供应链成本理论的研究范围广泛，涉及多领域、多学科。例如，供应链成本不仅用于描述物流活动、信息流，而且还用于描述企业战略、组织问题所引起的相关成本。Seuring(2001)提出了四种理论基础来归纳供应链成本理论研究的内容和方向[14]，它包括：(1)概念发展；(2)应用工具；(3)构建模型；(4)超越成本范畴。另外，Coad 和 Cullen(2006)将供应链成本理论研究分为三个学派，以概括供应链成本研究的内容和重点：(1)管理学派；(2)管理会计学派；(3)经济学派[36]。综合国内外学者研究，目前供应链成本理论的主要研究可以归纳为如下逻辑框架(图 2-1)。

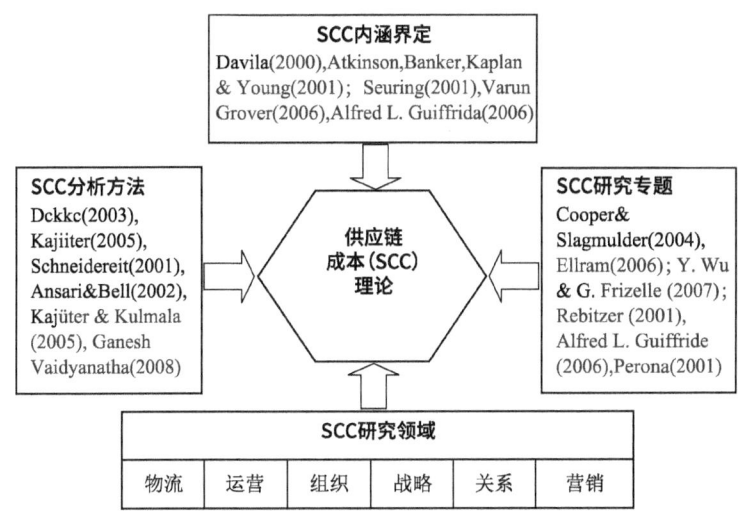

图 2-1 供应链成本理论逻辑框架

三、供应链成本管理的方法

供应链成本管理的思想需要拓展成本管理方法到整个供应链,意味着对整个供应链进行成本管理。供应链成本管理离不开成本管理方法的应用,供应链成本管理方法主要有:供应链作业成本法和供应链目标成本法。

1. 供应链作业成本法

供应链作业成本法模型的基本结构如图2-2所示。在两步骤作业分配过程中,有如下几个要素:(1)资源分类。供应链资源消耗可以根据生产不同产品所需的资源性质进行划分。(2)成本对象。供应链作业成本法的成本对象应根据供应链成本分配的四大目的以及供应链相关作业活动特点加以决定。一般可从几个维度划分:以成本明细为分配对象,可分为人工费、材料费、折旧费、办公费、水电费等;以供应链职能为分配对象,可分为生产成本、运输成本、库存成本、订单处理成本信息费用等;以供应链节点企业为分配对象,可分为供应商成本、制造商成本和分销商成本等;以产品、生产地区为分配对象,实践中可以根据供应链柔性管理需要进行设置与核算①。(3)作业中心。作业中心的建立过程可按王平心教授著作[46]给出的步骤进行,首先根据产品的供应链组织结构、供应链流程和工序识别作业链,确定主要动作,并将主要动作归集为作业;其次分析供应链流程和工序,建立作业并确定成本动因后,根据作业进一步合并,建立作业中心并选择主要作业。选择作业中心时要考虑产品的供应链工序和单独核算单位,因此,作业中心中不但存在部门管理方式(供应链节点企业),还需要划分每一节点企业内部独立核算单元(作业及其子作业)。(4)作业动因。作业动因是将成本库的成本分配到成本对象的依据。从每一作业中心的多个作业动因中,选择一个作业动因作为作业动因的代表。选择作业动因时,要考虑计量成本、作业动因与作业中心消耗资源的相关成本等因素[47]。

供应链作业成本法模型从供应链视角分析供应链节点企业(如供应商、

---

① 成本分配实践中,企业不应局限于某一成本分配对象,通过会计科目和账户的细化设置,从多角度对供应链实际成本进行分配。相对而言,供应链成本分配的维数越多,供应链成本信息就越详尽,同时会计技术难度和工作量也就越大。

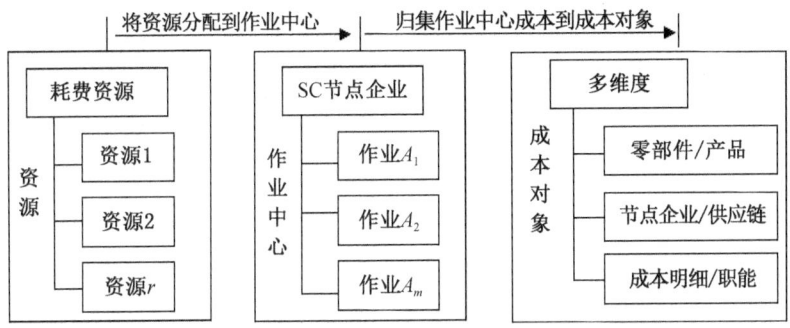

图 2-2　供应链作业成本法模型的基本结构

生产商和分销商等供应链间所有合作企业)成本,然后再分配汇总供应链节点企业的成本,最终形成整个供应链成本。以一定时期内实际发生的全部成本要素在各个确定的成本库中加以记录、汇集、计算、分析和评价,再根据成本动因的不同,按照不同产品计算出产品的各种成本,以确定一定时期内的供应链中的产品成本。

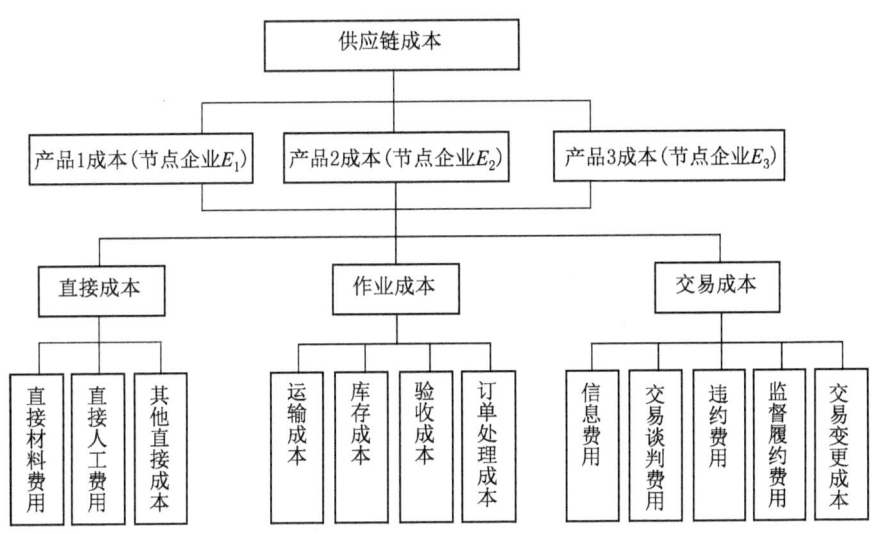

图 2-3　供应链成本项目和会计科目

（1）获取资源消耗　供应链作业成本法模型以供应链成本项目为依托,对供应链节点企业的会计科目加以重新梳理和细化表达,并将会计科目和资源分类相互关联,以获取与作业相关的资源消耗。根据供应链产品实际需要,针对相关会计科目进行细化分类,构建成本项目对资源进行完备一致表达和全面描述。供应链成本项目前几级与会计科目保持一致,后几级与资源分类关联,在会计凭证和相关单据之间建立映射关系以获取资源消耗。图2-3给出了供应链成本项目和会计科目分类表示。

以供应链每一节点企业为例,供应链成本项目划分为三个部分[①]:直接成本、作业成本和交易成本(如图2-4所示)。供应链每一节点企业的直接成本是由生产每一供应链产品引起,包括原材料成本、人工成本和机器成本等,主要受制于原材料和劳动力的价格;供应链每一节点企业的作业成本是因企业的组织结构而生,由那些与供应链产品没有直接关联,但与供应链产品生产和交付相关的管理活动所引起的成本;供应链每一节点企业的交易成本源自企业同供应链上其他企业的相互交流,包括处理供应商和客户信息及沟通所产生的所有成本。供应链成本项目和会计科目明细具体如下:

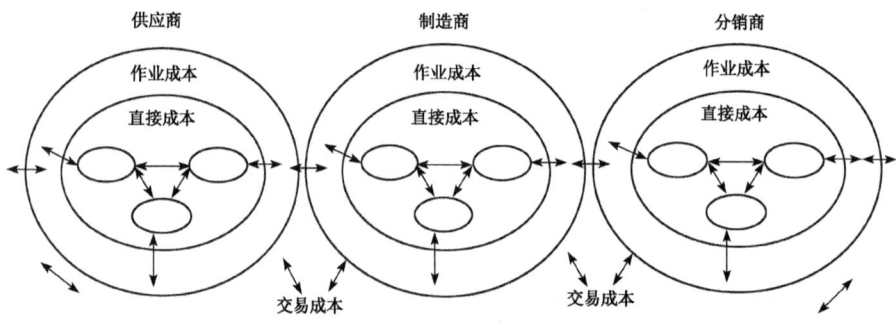

图2-4 供应链成本构成

① 直接成本。直接成本包括产品的直接材料费用、直接人工费用、研发成本等其他直接成本,也即传统意义上的产品生产成本,一般可以直接归入各产品之中。与之对应的会计科目主要有直接材料、直接人工、制造费用、生产成本等,本书不再赘述。

② 作业成本。主要指与企业生产相关的间接成本,这些成本发生于企

---

① 借鉴 Stefan Seuring(2002)的研究。

业内部,但不能直接归入产品生产之中,包括运输费用、宣传广告费等。这些费用主要存在于管理费用和营业费用科目之中。由于供应链作业成本法模型的难点在于间接成本和辅助资源的分配,我们将与生产相关的间接成本按照作业来进行划分。以制造商为例,作业成本可以分为以下四类[①]:第一,运输成本。主要包括运输、装卸和搬运成本等项目。无论是制造商向上游的供应商采购原材料或零部件,还是向下游的分销商销售产品,只要涉及物品的位移,运输成本就必然存在。同时在供应链节点企业内部由于原材料、在产品、产成品的流转也会发生运输成本。以常规生产流程为例,运输成本主要包括以下几方面:将原材料从供应商运至生产商、生产商搬运原材料入库、运送原材料至生产车间、半成品入库、产成品入库、将产成品运至分销商。而从成本的性质角度而言,运输成本又包括人工费用、营运成本、管理费用、支付给物流公司的服务费等等。第二,库存成本。涉及存货采购、存货持有等,主要由订货成本、仓储成本和缺货成本三部分构成。订货成本是指生产商库存低于安全库存时,向供应商采购原材料所发生的成本,主要包括采购人员的人工费用、采购机构的管理费用,还包括一部分与订货次数有关的成本,如差旅费、电话通讯费等。仓储成本是为保持存货而发生的成本,主要包括仓库职工的工资、奖金、津贴等人工费用,存货资金的应计利息,仓库租金或者折旧费,仓库的挑选整理费用,存货破损和变质损失费用等。缺货成本是由于存货供应中断而造成的损失,包括材料供应中断造成的停工损失、产品库存缺货造成的拖欠发货损失和丧失销售机会的损失(还包括可能产生的商誉损失)。如果企业以紧急采购原材料来解决库存材料中断之急,那么缺货成本就表现为紧急采购大于正常采购的成本。如果某种产成品缺货时,客户就会转而购买竞争对手的产品,那么缺货成本就是整个供应链的利润损失。第三,验收成本。当原材料、半成品和产成品入库时,需要检验数量是否与入库单一致,质量是否合格,有无破损和残次品。一旦发现数量或者质量上的问题,一定要查明原因,详细登记在入库记录中。验收成本主要包括:人工费用,主要为在仓库工作的职工的工资、奖金和津贴等;营运费用,指折旧费、保

[①] 这四类成本是供应链中各工序所占份额较大、较为常规的几项作业成本,当然对于不同类型的供应链和企业,其所涉及的作业也不尽相同。理论上作业分类越细越好,但基于成本—效益原则,需要根据实际情况加以分析判断。

险费、维修维护费等；管理成本，指发现破损和残次品时产生的处理费用等。第四，订单处理成本。高效准确的订单处理不但可以提高整个供应链的运作效率，还能降低仓储、运输成本。具体而言，订单处理成本包括：人工费用，即相关人员的工资、奖金和津贴等；营运费用，即订单处理中心的固定资产的折旧费、维护费、保险费等；管理费用，即订单处理中心管理人员的人工费用，以及其他与订单管理相关的费用。

③ 交易成本。包括谈判、签约、激励、监督履约等相关费用[①]。交易成本主要存在于"供应—生产""生产—分销"的企业间界面环节。直接成本与作业成本主要发生于企业内部，而交易成本则主要存在于企业外部，与其上游或下游企业的界面之中。这些成本主要存在于企业的管理费用和营业费用的科目之中，比如谈判、签约发生的差旅费、招待费等就存在于管理费用中。企业之间的交易成本分为以下几类：第一，信息费用。信息费用是在搜寻关于产品价格、款式及潜在交易对象及其信用水平等相关交易信息的过程中发生的成本。尤其大型企业一般会建立专门的信息部门，运用网络系统收集信息，寻求合适的交易对象，从而保障企业正常的生产销售活动。具体而言，信息部门发生的人工费用、营运费用以及日常的管理费用等均应计入交易活动的信息费用。第二，交易洽谈费用。信息部门搜寻到合适的潜在交易对象后，交易双方就需要就交易价格、数量、交易时间、结算方式等细节内容展开谈判协商，在双方达成共识的基础上签订交易合同。交易谈判费用的多少取决于谈判的时间、次数、人数等，不过因为完善交易合同的再谈判将会比开发新的交易伙伴要节约很多谈判费用。具体而言，交易洽谈费用包括：人工费用，包括谈判小组成员的工资、奖金、津贴等；洽谈费用，包括准备谈判资料的费用、到达谈判地点的差旅费用、住宿费用等；管理费用，包括为完成某项交易支付给中介机构的佣金、谈判期间发生的招待费等。第三，签约费用。在谈判双方就交易的价格、数量、结算方式等内容达成一致时，就可以签订合

---

① "交易成本"又叫"交易费用"，最早由罗纳德·科斯(Ronald Coase)在研究企业性质时提出，是指交易过程中发生的成本，并进一步指出交易成本包括"发现相对价格的工作"、谈判、签约、激励、监督履约等的费用。后来理论界对"交易成本"这一概念进行了进一步的探讨，具体而言主要有广义和狭义两种理解。狭义的概念专指市场交易费用，如科斯的交易费用。广义的交易费用则是将人类的交往活动，包括市场交易活动、组织内部的管理活动以及创建和变革制度或组织等引起的费用均视为交易费用。本书研究供应链的交易成本时，主要采用狭义概念的交易成本。

同,包括负责筹备签约工作的专门人员的工资、奖金等,签约场地的租金及现场招待费用等,以及签约管理人员的工资奖金等计入管理费用的工资和奖金等人工费用。第四,监督履约成本。交易合同签订之后,交易双方为确保合同得到切实的履行,需要加强彼此沟通与协调。在双方履约过程中,企业需要对交易对方的履约情况进行监督,以确保自身的利益不受损害。监督履约成本包括:检验人员和监督人员的工资、奖金和津贴等人工费用;检验仪器的折旧费、维护维修费、通讯通信费用、诉诸法律的诉讼费用等检验监督费用;计入管理费用的监督履约负责人的工资、奖金等人工费用。第五,交易变更成本。交易合同签订之后,如果交易双方发生变故,中止或者变更合同,必然给交易者带来巨大的损失。交易变更成本包括交易变更时组成谈判小组而支付的人工费用(不同于前述谈判费用);如果交易终止,那么还包括以前为签订合同所发生的信息费用、谈判费用、签约费用、监督履约费用和丧失其他机遇的机会成本;在变更交易的过程中,双方进行谈判协商时发生的差旅费用、住宿费用、诉诸法律的诉讼费用等。

(2) **资源分配** 根据确定的作业中心和获取的资源消耗,将资源以合理的方式分配到作业中心。对于可直接计入作业中心的资源,直接将资源消耗归集到相应制造工序;对于不能直接归入作业中心的资源,根据资源动因把资源分配到作业中心。

(3) **间接成本分配** 对于直接消耗的资源,直接计入相应成本对象;而对于间接成本,则按照成本对象消耗作业成本动因的数量,把作业中心承担的成本分配到成本对象,也即将分配到作业的资源再分配到成本计算对象。

(4) **供应链成本汇总** 通过以上分配与计算,可以得到供应链节点企业每一工序应承担的成本,对工序成本进行累加,可以得到零部件成本。供应商提供产品所需零部件发生的成本形成零部件层次的成本;制造商核算分配所采购零部件的直接成本,而其所采购的零部件经过一定生产工序和工艺形成不同功能的半成品和组合件,由此形成产品功能层次的成本,此时对功能层次成本核算分配,除考虑零部件采购成本外还需考虑达到功能层次所发生的加工作业成本;不同功能层次的半成品和组件经过组装整合形成供应链产品,最终核算形成产品成本,此时产品层次成本需要汇总相应各功能层次成本并加上组装整合过程中发生的各项作业成本以及由于供应链上对产品协商谈判所发生的交易成本等成本因素。通过成本计算及汇总,最终得到整个供应链的总成本。

(5) 保障机制　供应链实际成本分配的供应链作业成本法模型要求相适宜的保障机制才能成功应用于成本实践。由于供应链作业成本法模型应用要求单一企业中将最为保密和最为敏感的成本数据向供应链其他节点企业进行公开,并且向供应链节点企业披露的成本数据越为详细,供应链作业成本法的运用效果越好,其中供应链节点企业之间的相互信任则成为促使成本信息披露的首要条件。开簿会计(Open-book Accounting)[①]作为提高供应链成本效率以及在客户和供应商之间建立信任的一种工具,在供应链作业成本法模型应用中可以起到关键作用[48]。由于外部环境激烈的竞争导致持续降低成本压力,许多企业通过合作进行成本管理和账目公开会计,账目公开会计已经在一些日本企业和西方企业中率先尝试,尤其是日本企业通常要求披露的成本数据比西方企业更为详细。但是由于供应链节点企业关系中的相互信任程度的差异以及成本结构的复杂性,使得成本数据的披露可能只存在于相对成熟的供应链组织网络在追求成本降低的情况下。

2. 供应链目标成本法

供应链目标成本法的基本结构如图 2-5 所示。它由委托方设定产品层次目标成本,所有供应链节点企业共同参与开发。在目标成本分解中由供应链的设计团队采用作业成本法提供的共享信息比较估算成本和目标成本,同时依据作业管理思想并借助价值链分析、价值工程技术优化供应链上的作业与流程,解决目标成本冲突。战略层面上,目标成本管理在供应链成本管理模型中占据主导地位,而作业成本管理和价值工程作为组成部分贯穿到目标成本法的全过程。营运层面上,模型体现供应链的竞争战略、产品战略的具体实施。供应链目标成本法模型中目标成本以作业方式分解,同时也考虑了作业执行的时间与质量约束。

---

① 开簿会计的出现为供应链成本管理提供信息基础(Kajüter 和 Kulmala,2005)。在开簿会计下,企业向合作伙伴披露成本结构,供应链中隐藏成本及其动因呈现透明化和可视化。

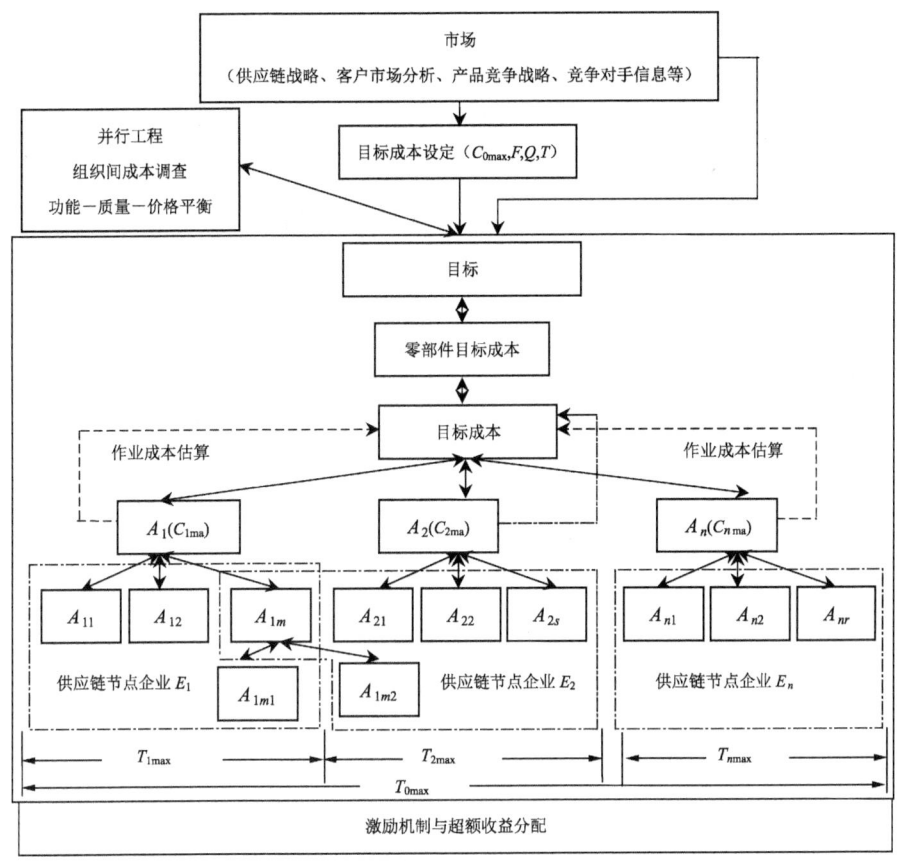

图 2-5　供应链目标成本法模型的基本结构

备注：A_i 为供应链上主作业，A_{ij} 为第 i 个作业下的子作业 ($i=1,2,\cdots,n$；$j=1,2,\cdots,m$)；A_{ijk} 为 A_{ij} 子作业的下一级作业 ($i=1,2,\cdots,n$；$j=1,2,\cdots,m$；$k=1,2,\cdots,p$)；E_i 为承担 i 作业的供应链节点企业 ($i=1,2,\cdots,n$)；C_i 为 E_i 提供零部件的目标成本；C_{0max} 为设定的最终产品的可接受成本；C 为最终产品的目标成本；F 为客户对最终产品功能的要求；Q 为客户对最终产品质量的要求；T_{0max} 为时间目标约束；T_{imax} 为分解所得各子作业最长的作业时间；约束条件：$C \leqslant C_{0max}$；$\sum T_{imax} \leqslant T_{0max}$ ($i=1,2,\cdots,n$)；求解函数：$\min C(F,Q,T) = \sum C_i$ ($i=1,2,\cdots,n$)。

供应链目标成本法模型中供应链目标成本可以划分为三个层次（Cooper 和 Slagmulder，1999）[34]，如图 2-6 所示：①市场驱动目标成本。确认为维持市场竞争地位而必需的可接受成本①，将市场竞争压力转移到产品设计者

---

① 使用消费者需求研究法、竞争对手法和拆卸重装法确定新产品投放时的预期价格即目标销售价格；根据企业长期战略计划和资金提供者对投资报酬的要求确定合理的目标利润；目标销售价格减去目标利润计算出产品的可接受成本。

身上,它是所有成本缩减目标的基础。②产品层次目标成本。产品层次目标成本为现行成本[①]与可达到成本缩减两者的差额。现行成本与可接受成本通常存在差距,为企业提供了成本缩减的机会。对于可达到的成本缩减目标,在开发过程中经过价值工程、质量工程、制造组装工程重新设计等努力后能够实现成本消减;对于不可达到的成本缩减目标(战略性成本缩减挑战),表明企业相对于竞争对手的差距,通常是生产阶段持续改善成本法的目标。③零部件层次的目标成本。根据产品各功能对客户的重要性确定各零部件的目标成本。零部件层次目标成本是企业与其供应商签订合同的基础,同时也从侧面反映了公司面对的供应商的竞争压力。

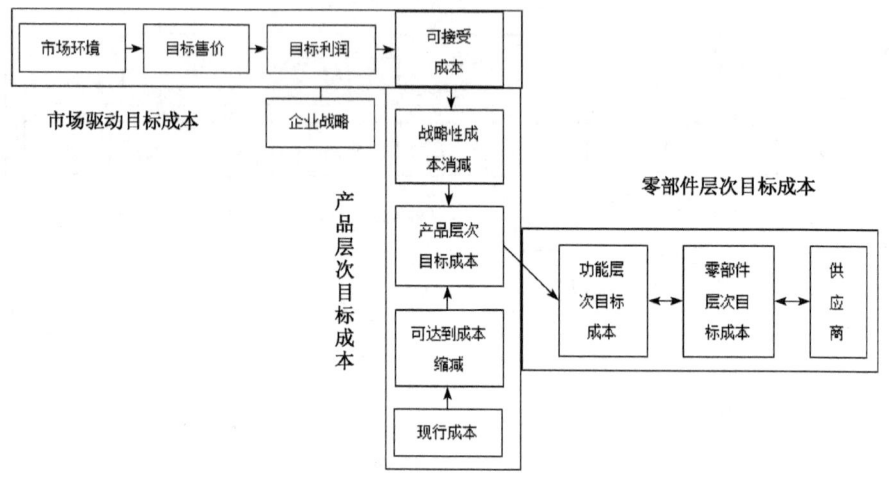

图 2-6　供应链目标成本层次

供应链目标成本分解存在着递推效应(见图 2-7),这是供应链目标成本分解的实施基础:单个企业在零部件层次上的成本成为上游供应商所面临的目标市场价格。市场环境的压力通过目标市场价格的形式转化为供应链第二个层次的客户压力,成为供应链产品的成本缩减挑战,从而确定了产品层次上的目标成本,进而依次分解到功能层次的目标成本和零部件层次的目标成本,且此时单个企业在零部件层次上的成本又成为其上游供应商所面临

---

① 现行成本是指在现有制造条件下,没有采取任何成本降低措施,但对新产品的功能和质量变化予以调整之后的现有制造成本,通常是以现有产品的实际成本为基础通过经验估计而来的。

的目标市场价格。这一递推效应将沿着供应链一步步传递到原材料供应商，下游供应链伙伴识别出最终客户的需求并传递到供应链上游，进而制定原材料供应商的目标成本。供应链间企业在考虑内部成本的同时通过调整整个供应链成本来满足市场需求。

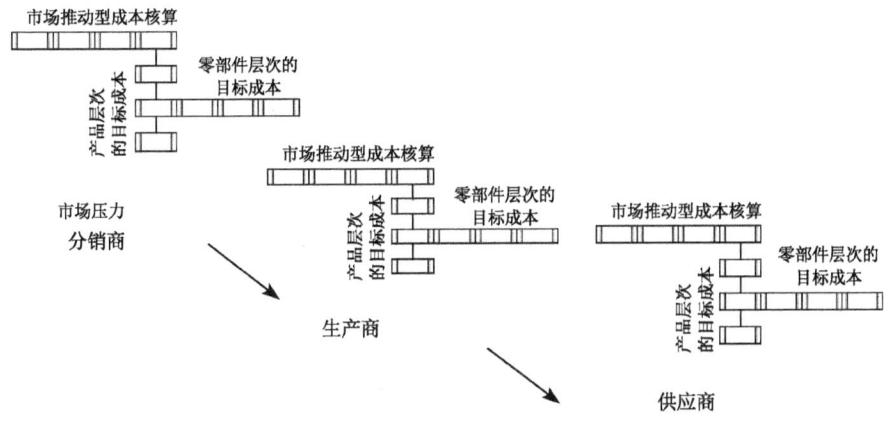

图 2-7 供应链目标成本的递推效应

第二节 供应链成本分配

从国内外文献可以看出，SCCA 散见于不同的领域，无论其概念、范围和内在逻辑存在着多样性。因此，提出一套 SCCA 理论是必要的，也是适时的。无论是供应链管理实践还是供应链理论研究，都需要一套逻辑一致的 SCCA 理论。

一、SCCA 的产生

首先让我们分析一下 SCCA 产生的现实背景。随着全球化竞争的加剧，产品内国际分工成为新国际分工模式，形成了席卷世界每一角落的全球生产网络，中国作为世界制造业大国无可避免地成为全球价值链的一点。为了更好地应对全球化经济下的供应链竞争，企业之间的供应链成本管理和 SCCA 就变得非常重要。产品内国际分工已经成为国际分工的常态。当今世界全球化浪潮的一个基本特征是国际垂直专业化分工以及在此基础上的贸易盛

行[2]。不同生产环节之间产生大量的零部件或中间品贸易,促进了全球价值链的形成和发展,并使全球化的内涵更加丰富多样:

1. 国际分工由产品间国际分工演变为产品内国际分工

传统的产品间分工模式下,产业边界在一国之内,一种产品的完整生产环节也在一国内部或一个地区之内,甚至在一个企业内部,国际贸易表现为完整产品的交换[49]。由于技术和资本限制,许多地区和企业无法参与复杂产品的生产制造,只能在不同产业之间或者在同一产业内部就不同的产品进行合作,比较优势聚焦于产品层面。当国际分工比较优势不再限于产品层面,而是深入到生产工序层面,国际分工由产品间扩展到产品内部。产品内分工将特定产品生产过程不同工序或区段通过空间分散化展开成跨区或跨国性的生产链条或体系,使得更多的国家和地区深度地卷入产品生产的不同环节。产品内国际分工所分割的产品生产过程不仅包含一系列加工工序、活动区段、程序化操作或次生制造工序,还包含研发、设计、营运、销售等更多服务活动。巨大的跨国界生产链条连接融资、设计、研发、制造、营销、物流、售后服务等各种生产活动。

2. 供应链的核心企业成为产品内国际分工的"主要承担者"

它们通过整合世界各地的生产资源,采用投资建厂或业务外包形式,建立起世界范围的工厂或制造基地。随着产品内国际分工的不断深化发展,供应链的核心企业在扩大生产规模的同时为最大限度地降低生产成本和交易,在全球范围内配置生产资源,整合一体化的生产流程,逐步演变为在全球范围内构筑一个几乎能渗透世界每一角落的巨大的生产和销售网络。当这些核心企业逐步将制造环节转移至发展中国家,自身则更专注于上游的融资、研发和下游的物流、营销等生产性服务环节,曾经伴生于制造环节的生产性服务逐步从制造环节中分离。当制造与生产性服务环节分别发挥规模效应而出现集聚时,延伸出制造—服务这一垂直分工的延续形态①。世界各国被固定在国际分工金字塔的各个层级,同时也推动零部件等中间品贸易的迅速扩张。

---

① "服务—制造"这一新形态国际分工是产品内国际分工的延续,是基于产品价值链环节分工进一步深化和细化的结果。

3. 国际外包成为产品内国际分工的有效形式

当产品内国际分工给全球生产结构带来巨大变化,外包成为企业提高服务水平和降低成本的重要战略,其突出表现是越来越多的企业将传统上由企业内部开展的业务以契约的方式委托给独立企业来完成,以此来降低企业成本、提高生产效率。外包从形式到内容都得到极大丰富,据统计外包市场规模正以每年约20%的速度增长,不仅最为传统的生产外包稳步增长,服务外包发展则更为迅猛,并成为跨国企业直接投资的重要领域。

4. 供应链的核心企业通过供应链这一组织模式有效实现产品内国际分工

产品内国际分工形成了国际市场范围内上下游产业"链节"之间的纵向协作关系,上游企业与下游企业的协作通过零部件等中间产品来实现。一件产品的生产不仅由复杂的供应链构成,而且还要适应世界市场的瞬息万变。产品内国际分工对于供应链协同的要求越来越高,T(交货期)、Q(质量)、C(成本)和S(服务)成为企业赢得竞争的关键因素,由此分散于世界各地的零部件生产要达到交货及时、成本低廉、质量符合以及服务满意等各种要求。经济全球化和产品内国际分工已经改变了世界制造业的生产格局与竞争基础。

由此可以看出,SCCA呼之欲出,而且尤为重要的是一定要提出结构化的SCCA。第一,需要计算出整个供应链的成本,站在供应链这一角度,需要进行供应链中的共摊费用分配。第二,上文所述的企业管理已经不是事后管理,而是供应链的事先计划和管理。基于供应链目标成本分解,进行供应链成本控制和供应链绩效考核,在供应链目标成本分解之中自有一套成本分配流程。第三,供应链涉及独立性的不同利益主体,由此供应链收益同样需要在这些不同成员企业之间进行分配。第四,三种口径的SCCA也要统一联合起来,SCCA无论是分配的广度、深度还是动态性都与一般成本分配不太一样,所以SCCA研究迫在眉睫[①]。

作为全球最大的发展中国家以及世界制造基地,我国制造业发展已经深

---

① 从本书第二章的文献回顾与评述中也可以看出,供应链成本分配散见于供应链成本核算、供应链目标成本分解以及供应链收益分配三个不同领域,逻辑上存在着深层次矛盾,也需要研究供应链成本分配的统一化。

深融入产品内国际分工体系之中。首先,我国制造业规模愈加扩大,中国制造的国际地位愈加重要。经济研究和咨询公司 IHS(环球视野)的报告指出,2010 年中国制造业总产值高达 19 550 亿美元,占全球制造业总产值的比例为 19.8%,高于美国 0.4%,单纯从制造业总产值方面衡量,我国 2010 年已经超越美国成为全球制造业第一大国。同时还指出,中国 2008—2010 年制造业产值年均增长速度高达 20.2%,相比之下美国仅为 1.8%,而日本也仅为 4.25%,可见中国制造的国际地位愈加重要。其次,我国对外贸易结构的显著变化反映出我国融入产品内国际分工体系的程度正在逐年加深。加工贸易进出口总额从 1981 年的 26.35 亿美元增长到 2010 年的 11 580.74 亿美元,增长 438.5 倍;而同期内,一般贸易进出口总额从 1981 年的 411.66 亿美元增长到 2010 年的 14 887.11 亿美元,仅仅增长 35.2 倍。最后,我国制造业参与制造—服务产品内国际分工已经初露端倪。尽管与制造业快速发展背道而驰的是我国服务业发展的停滞不前,尤其生产性服务业占服务业比重普遍较低,甚至低于发展中国家平均水平。但不可否认的是我国生产性服务业也积极发展,尤其 2008 年我国东部沿海地区生产性服务业比重达到 65%,增长贡献率为 63.4%。可以看出,我国制造业规模迅速增长的同时,产业结构也不断得以升级,其中最明显的就是制造业结构,以电子通讯和计算机等为代表的资本和技术相对密集行业获得了更快发展,并由此带动了我国整体技术水平的升级。不可否认的是,到 2020 年,我国制造业增加值占世界的比例为 26.2%,与美国、日本和德国等经济发达国家相比,高于美国的 23%,高于日本的 22%,高于德国的 11.7%,已经世界排名第一,但我国制造业在产品内国际分工中处于价值链低端位置,多为两头在外的代工或贴牌生产(OEM)等"组装加工型",获取利润微薄。因此,基于中国制造环境研究 SCCA 问题极具理论和现实意义,可以为中国制造企业 SCCA 方法选择提供理论支持,同时也为处于全球生产网络的供应链成员企业间的收益分配和快速报价提供分配规则。

  根据第二章的文献回顾和评述,我们发现,虽然 SCCA 理论界研究成果颇丰、观点林立,但是,存在着供应链成本核算、供应链目标成本分解和供应链收益分配中的成本分配逻辑不一致的情形:(1)供应链成本的内涵与外延没有较权威的界定,观点林立;(2)SCCA 缺乏成形的理论结构,它应该包括哪些内容？概念、目标、功能和结构体系应该如何？（3）SCCA 的文献散见于工程管理、经济学和会计学三个领域，它们的侧重点和目的不同，如何进行梳理和统一？因此，逻辑一致和内在统一的 SCCA 理论已经具有产生的必要性和可能性要求。

二、SCCA 的过程

SCCA 分配过程如何？首先需要探讨 SCCA 的质量要求，了解 SCCA 信息的多维性和相关性的特征；在此基础上，可进一步讨论 SCCA 分配过程的三个环节、四阶段和六大要素。

1. SCCA 的质量要求

SCCA 提供的成本信息要求达到的目标是多维的。Charles T. Horngren 曾经提及将成本分配到成本对象的四个目的分别为提供经济决策信息、激励管理人员与雇员、判定成本或计算付款、衡量收入与资产[50]；而很多大量的调研资料通过对管理人员的调研也解释了为何将公司成本分配到各公司的分部，诸如决策成本、评价利润中心、确定会计责任、促进资源更有效地使用、刺激部门管理人员控制成本等等。基于这些研究，我们从四个方面来表述 SCCA 多维目标的具体内涵①：（1）提供准确的供应链成本信息；（2）供应链中成员企业间分配的依据；（3）供应链成本控制的信息源；（4）供应链经济决策的基础。

供应链成本（SCC）信息计算的核心是 SCCA，那么 SCCA 需要达到什么样的质量要求？从五个方面来表征 SCCA 所提供成本信息的期望质量要求：（1）相关性。供应链成本信息必须与管理决策相关，对决策有用。SCCA 应能做到合理准确分摊间接成本，改善成本精度，更好地提供与供应链运营流程相关的成本信息，从而制定正确的管理决策。（2）可靠性。供应链成本信息的可靠性不仅取决于确认和计量的客观及不偏不倚，而且确保供应链的各个环节传送成本信息的准确及管理的有效性。（3）及时性。及时性是成本信息的灵魂，及时的信息才是有用的信息。当所有的管理者越来越意识到自身产品和服务的质量以及时效性的重要性，成本分配也日益重视向管理者提供

---

① 供应链成本分配的目标不仅只限于这 4 个目标，本书只列出其中最为主要的目标。

高质量和及时的信息。(4)实时性。利用 SCC 实时信息对产品研发、采购、生产、销售、服务等供应链全部流程活动进行实时控制,获取反映供应链成本的动态信息,才能达到供应链成本管理和降低整个供应链成本的目的。(5)法定性。在供应链上不同利益主体长期博弈过程中,法定性保证了成本信息的可比性,能在一定程度上使得供应链间不同利益主体达到妥协,形成大家较满意的成本分配方案。

2. 分配过程的三环节和四阶段

SCCA 是供应链成本管理理论的核心,也是供应链成本计算的信息表现。供应链成本核算(内核就是 SCCA)[①]经历成本耗费直至将成本分配到相关对象并输出成本信息的过程,它主要经历三个环节(如图 2-8 所示):成本的发生、成本的信息化、成本的输出。它通过共同显示器(货币计量,也称价值计量)将供应链上发生的各项资源耗费(包括有形耗费与无形耗费)经过成本的信息化处理(归集与分配),得到需要的各项供应链成本信息(汇总)。

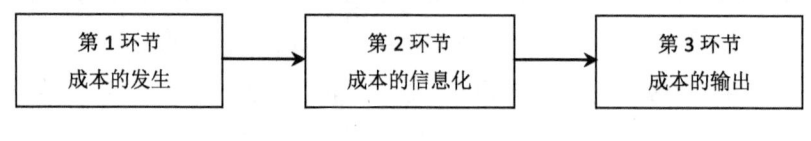

图 2-8　SCCA 的三环节

SCCA 细分为四个阶段与六大要素。SCCA 的四个阶段分别为:(1)根据 SCCA 目标确定成本分配对象;(2)将耗费的供应链成本(资源消耗)归集至 SCCA 载体;(3)将 SCCA 载体中归集的成本分配至 SCCA 对象;(4)汇总不同 SCCA 对象的成本。SCCA 的四个阶段中具体包含六大要素,它们共同完成 SCCA 过程。

3. 分配过程的六要素

SCCA 的六个要素分别为:①目标:SCCA 的目标就是成本分配提供出来的成本信息所期望达到的目的、期望信息质量以及特征(具体 SCCA 的多维目标内涵、信息质量要求以及需要特征前文已详细论述)。②对象:SCCA

---

① 由于供应链成本分配是供应链成本核算的核心环节,因此本书将供应链成本核算等同于供应链成本分配,对此不做严格区分。

对象就是供应链中需要单独测定成本的任何活动。SCCA 对象是多维的,它可以很小很细,细至一项工序、一项作业、一件产品、一项服务、一个渠道、一个顾客;也可以很大很粗,粗至一个部门、一个企业、一条供应链等等。③载体:载体是 SCCA 过程中所需要的储存和组织成本数据的单元,它是起着桥梁连接作用的信息负载体,其实质为 SCCA 过程的中间分配对象,最终汇集成不同成本集合,储存着相应的成本信息(也即数据结构)。SCCA 载体主要有两种形式:组织职能(Function)与作业(Activity)。④特质:SCCA 中间过程的成本信息载体所表现出的特质不外乎两种形式——同质或者异质。"同质"是指可以通过表达形式或计量单位的转化,将 n 种投入或产出合并为一种[1]。这里的投入或产出可理解为分配依据。换句话说,一个成本集合中所有活动成本与其成本动因之间具有相同或类似的因果关系或受益关系,则称该成本集合是同质的。"异质"是指不能通过表达形式或计量单位的转化,减少产出或投入的种类,即不能合并产出或投入[2]。如果一个成本集合中所有活动成本与其成本动因之间具有不同的因果关系或受益关系,视为异质情形。具体到供应链上不同环节之中,同质和异质表明了供应链成本环境中的企业质地的性质相同相似抑或迥然不同。⑤标准:SCCA 标准是 SCCA 过程中所采用的分配方法。从分配载体的不同特质角度而言,SCCA 标准从最初简单的同质成本分配法拓展至复杂的异质成本分配法。⑥动力:SCCA 动力是影响 SCCA 的外在因素及动力。主要包括管理的多目标性、政治的多维性、商业的自利性三种动力,这三种动力决定了 SCCA 是一个动态调整过程以及具有权变的结构化特征。

由于 SCCA 的四个阶段与六大要素相互交融,因此必须结合六大要素(目标、对象、载体、特质、标准、动力)以及要素之间的关联才能详细表述

---

[1] 同质成本分配的典型例子,如:在一个企业内部生产的两种产品之间分配成本,投入要素为劳动力,那么两种产品所分别耗用的人工工时可以合并为一种,表现在会计实务中,则以预算或标准人工工时比重分配间接费用。

[2] 异质分配大量存在于制造—服务供应链。基于融资、设计、研发、制造、营销、物流、售后维修服务等诸多环节的产品内和不同企业间的成本分配拓展至异质成本分配范畴,主要由于技术、信息、人才、创新等异质性要素的投入,生产性服务的高度知识化和差异化以及价值链环节之间地位的不平等,导致不能通过表达形式或计量单位的转化,将这些性质各异的投入或产出加以合并或减少。

SCCA 的四个阶段的逻辑,并为下文提出 SCCA 权变结构奠定基础。如图 2-9 所示,SCCA 过程以 SCCA 目标为逻辑起点,SCCA 的路径设计围绕着目标展开。SCCA 的目标鲜明地体现着目标导向性作用,SCCA 过程中根据不同的 SCCA 目标来选择确定所需的 SCCA 对象和载体;然后将供应链上由于资源耗费发生的 SCC 分别归集至不同的 SCCA 载体;根据 SCCA 载体的特质选择相应合适的 SCCA 标准,将 SCCA 载体中归集的 SCC 分配至不同的 SCCA 对象;最后将分配至 SCCA 对象的成本进行汇总,从而得到适应不同 SCCA 目标的成本信息;同时 SCCA 受到动力的影响加以动态调整。SCCA 的实质是一个"条件目标"的选择过程,满足多维 SCCA 目标的 SCCA 应该是 DSS(决策支持系统)模式。每一目标都可能要求以不同的方式搜集和报告数据,理想的数据库应包括很详细的成本信息;而方法库包括不同的 SCCA 方法,将数据库与方法库结合形成决策相关的成本信息。成本数据与计量方法分开可以组合成适应不同目标的成本信息,很好地解决了决策相关性,体现了条件目标的分配观念。

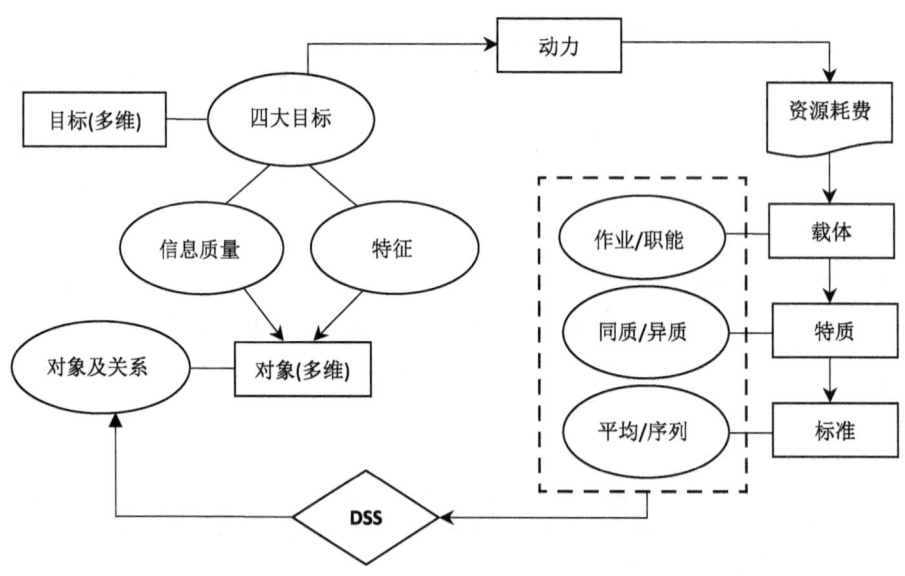

图 2-9 SCCA 六大要素的关联

第三节　供应链成本分配分类

SCCA 方法按决策类型分类可划分为分配决策与供给决策,按投入与产出类型可划分为同质成本分配与异质成本分配。其中,分配决策主要着重影响 SCCA 的稳定性,而供给决策则注重 SCCA 的激励性;同质成本分配强调供应链成员投入与产出的均一性,而异质成本分配注重供应链成员异质性带来的投入与产出异质性对成本分配的影响。四者对于 SCCA 的动态性均产生显著影响,本节将分别对分配决策和供给决策,及同质成本分配与异质成本分配进行研究。

一、分配决策和供给决策

根据决策类型,SCCA 可划分为分配决策与供给决策。第一种为分配决策,实际上是一种先做后分模式(后置分配模式);第二种是供给决策,实际上是一种先分后做模式(前置分配模式)。

1. 分配决策

博弈论是研究参与者决策相互影响的有力工具,按照参与者之间能否达成一个具有约束力的协议,分为非合作博弈与合作博弈。如果有,则为合作博弈;反之,则为非合作博弈。尽管非合作博弈与合作博弈理论有着不同的内容和方法,但是它们是看待同一博弈的不同方式。正如 2005 年诺贝尔经济学奖获得者 Robert J. Aumann 所说,博弈是一个"理念",而合作与非合作方法是其两个"影子"。非合作博弈关心的是策略,它研究的是参与人在博弈中如何做出决策。而合作博弈研究我们期望得到什么结果。在合作方法中我们直接观察得益空间,而不考虑得到这些结果的具体细节。相比较而言,非合作博弈是一种微观类型的理论,它涉及准确地描述发生了什么。

合作博弈研究博弈者达成合作时如何分配合作得到的收益,即收益分配问题;强调团体理性,不讨论理性的个体如何达成合作的过程,而是直接讨论合作结果和收益分配。自 Von Neumann 和 Morgenstern(1944)在其著作中提出合作博弈(Cooperative Game)的概念后,合作博弈理论研究得到较快发展[51]。合作博弈中具有代表性的有夏普利值(Shapley Value)法、核心

(Core)、核仁法(Nucleolus)以及不对称 Nash 谈判模型等方法,在实践中得到了极为广泛的应用。近年来,合作博弈的研究不断向前推进,联盟的动态稳定性及竞合博弈的研究都是合作博弈新的发展方向。

(1) 联盟及特征函数

为方便表述,我们引用如下记号:令 $N=\{1, 2, \cdots, n\}$,表示 n 个参与者构成的集合,N 的一个子集 $S \subseteq N$ 称为一个联盟(Coalition),所有的博弈者均参加的联盟,即联盟 N,称为总联盟(Grand Coalition)。任何满足下列条件的对 N 的分割(Partition)都对应着一个联盟结构(Coalition Structure)Z:$Z=\{Z_1, Z_2, \cdots, Z_m\}$,$\bigcup_{i=1}^{m} Z_i = N$,$Z_j \bigcap Z_k = \emptyset$,$j \neq k$。

定义 2.1 给定一个有限的参与人集合 N,合作博弈的特征型是有序数对 (N, v),其中特征函数 v 是从 $2^N = \{S \mid S \subseteq N\}$ 到实数集 $\mathbf{R}$ 的映射,即 $v: 2^N \rightarrow \mathbf{R}$,且 $v(\emptyset) = 0$。

可转移效用博弈(Transferable Utility Games, TU Games),即货币可以用来在不同的参与人之间转移效用,特征函数是 TU 博弈最重要的工具之一。

一般来说,特征函数应具有超可加性。

定义 2.2 合作博弈 (N, v)(通常应用于价值博弈,即合作博弈的特征函数表示联盟整体所获的最大价值)是超可加的。如果对于任意的联盟 S,$T \in 2^N$ 且 $S \bigcap T = \emptyset$,均有 $v(S) + v(T) \leqslant v(S \bigcup T)$。

从直观上看,如果一个博弈是超可加的,意味着"整体大于部分之和"。也就是说,如果两个不相交的联盟能够实现某种剩余,那么这两个联盟联合起来至少也可以实现这种剩余。超可加博弈是现实生活中很普遍的一类博弈。

(2) 合作博弈的解

合作博弈研究的重点是在于博弈解的构造,即合作联盟的利益分配问题。合作博弈的解总的来说可以分为多值解与单点解两大类。完全合作博弈的多值解主要有稳定集、核、讨价还价集等;而完全合作博弈的单值解主要有 Shapley 值、Owen 值、Banzhaf 值等。下文主要介绍完全合作博弈理论中一些最为常用的解的概念与性质,而这些解将在本书的研究中被广泛使用。

① 分配集

定义 2.3 一个合作博弈 (N, v) 的分配集（Allocation Set）$I(v)$ 是满足如下个人理性分配规则的利益分配的集合，即：

$$I(v) = \{x \in \mathbf{R}^N \mid \sum_{i \in N} x_i = v(N), \forall i \in N: x_i \geq v(\{i\})\} \quad (2\text{-}1)$$

式中：x_i 表示博弈者 i 在联盟中所获得的利益；$v(\{i\})$ 表示博弈者 i 不参加任何联盟时所获得的利益。

分配集的利益分配方式表明：任何博弈者 i 在联盟 S 中所获得的利益 x_i 均大于他单独行动时可获得的利益 $v(\{i\})$，因此他有加入联盟 S 的激励，即满足他的个人理性要求。对合作博弈的解而言，满足博弈者的个人理性要求，即符合分配集的要求是最基本的条件。

② 核心解

N 人合作博弈 (N, v) 的核 $C(v)$ 可以被定义为：

$$C(v) = \left\{x \in \mathbf{R}^N \mid \sum_{i \in N} x_i = v(N), \forall S \subset N: \sum_{i \in S} x_i \geq v(S)\right\} \quad (2\text{-}2)$$

式中 x_i 表示博弈者 i 在总联盟 N 中所获得的利益；$v(N)$ 表示总联盟 N 的收益；$v(S)$ 表示联盟 S 的收益。

核具有非常重要的性质，如果核非空，核中的分配使得没有任何博弈者的子集能通过从总联盟中撤出而使自己获益，因而由所有博弈者都参与的总联盟成为一个稳定的联盟结构。

尽管核心解"稳定"，但也存在很多缺陷：对于部分合作博弈核心解可能是空集，这样便无法通过核来确定大联盟的分配；另外，即使核非空，其提供的也是分配的集合，因此必须通过其他方法来求具体的分配值。

③ 核仁解

核仁法是合作博弈论中一种解决利润分配的有效方法，多人合作博弈的任一联盟，如果在对其最不利的分配方案中，仍获得了利益最大的结果，那么这个分配结果就是核仁（Nucleolus）。核仁法体现的是平均主义的思想，而且当核非空时，其一定处于核之中，能保证联盟的稳定性。

假定 $X=(x_1, x_2, \cdots, x_n)$ 为合作博弈的一个分配,则任意联盟 S 对 X 的满意性可表示为 $e_S(X) = v(S) - \sum_{i \in S} x_i$。$e_S(X)$ 越大,S 对 X 越不满意,因为 S 中所有参与人的分配之和远没有达到其所创造的合作剩余 $v(S)$;反之,$e_S(X)$ 越小,S 对 X 越满意。

定义一个任意的实数 ε,满足条件 $e_S(X) \leqslant \varepsilon$,核仁就是在 n 个博弈者可能组成的 $2^N - 1$ 种组合中,出现最大的 ε 时,最小化 $e_S(X)$ 所得到的解矢量 $x = (x_1, x_2, \cdots, x_n)$,即

$$\min_{x \in X} \max_{S \subset N} e_S(X)$$

此问题可以转化为一个线性规划问题:

$$\min \varepsilon$$
$$s.t. \quad e_S(X) \leqslant \varepsilon, S \subset N, x \in X \tag{2-3}$$

按照这个定义,在核中优先考虑最不满意的组合,选择的分配要使这种组合的不满意程度达到最小;在此基础上,再考虑次不满意的组合,所选分配要使其不满意程度尽可能小,如此即可求得核仁。

核仁法具有四个重要性质:

性质 1:满足个体理性与整体理性。说明了核仁解的分配结果是完全符合分配要求的。

性质 2:所有的博弈问题有且只有一个核仁。说明了核仁的存在性以及用它求解问题的意义所在。

性质 3:假如存在核心,则核仁与核心是重合的。该性质对于求解一个特定对策的核仁十分有用,尤其适用于在局中人数目 n 不大时用作图法求解核仁。

性质 4:处于可替换地位的局中人所获得的收益相同。说明了当任意几个局中人的地位在整个联盟体中处于对称时,它们所给付的支付不应该存在任何差异。

④ Shapley 值

Shapley 值是合作博弈理论一个非常重要的解,Shapley 值法是由 L. S. Shapley 在 1953 年提出的用于解决 n 人合作对策问题的一种数学算法[52]。其定义如下:

在合作 N 下,由 Shapley 值法所确定的成本分配公式如下:

$$x_i = \sum_{s \in s(i)} w(|s|)[v(s) - v(s\backslash i)]$$

$$w(|s|) = \frac{(n-|s|)!\,(|s|-1)!}{n!} \tag{2-4}$$

式中,$s(i)$ 是集合 I 中包括成员 i 的所有子集,$|s|$ 是子集 s 中的元素个数,$v(s)$ 为子集 s 的收益,$v(s) - v(s\backslash i)$ 表示的是企业 i 的边际收益,$\frac{(n-|s|)!\,(|s|-1)!}{n!}$ 为加权因子。

Shapley 值是合作博弈中一个非常重要的解,其按成员在联盟中边际贡献的大小来进行分配,体现了分配的功利性原则。但是其缺点是当核非空时,其不能保证处于核之中,这样也就不能保证联盟的稳定性。

⑤ 不对称 Nash 协商解

著名的博弈论专家 Nash 通过引入公理化方法,将讨价还价问题模型化,提出了具有重要意义的 Nash 谈判模型,该模型被广泛用于解决多方合作协调问题[53]。

Hougaard 和 Østerdal(2009)在 Nash 工作基础上,引入了企业谈判能力参数,进一步提出了不对称 Nash 协商模型[54]。

$$[u_1(x^*), \cdots, u_n(x^*)] = \arg\max \prod_{i=1}^{n} [u_i(x) - d_i]^{\omega_i}$$

$$s.t. \begin{cases} [u_1(x^*), \cdots, u_n(x^*)] \geqslant (d_1, d_2, \cdots, d_n) \\ [u_1(x^*), \cdots, u_n(x^*)] \in S \end{cases} \tag{2-5}$$

上式中 $u_i(x)$ 表示第 i 个决策者的效用函数;d_i 表示谈判的起点;S 表示协商域;ω_i 表示第 i 个决策者的谈判能力,且 $\sum_{i=1}^{n} \omega_i = 1$。

2. 供给决策

非合作博弈理论是研究成本分配供给决策的有力工具。本节将回顾著名的纳什均衡(Nash Equilibrium)理论,它在供应链联盟成本分配中被广泛应用。如前文所述,供给决策主要研究资源配置的效率性问题,研究每个代理人如何根据他对需求的偏好和成本份额有策略地选择行动方案,此种决策主要考虑被分配货物总量的变化。非合作博弈理论关心的是策略,它研究的重点是参与人在博弈中如何做出决策,因此是分析成本分配供给决策问题的重要工具。

(1) 非合作博弈论概述

如上所述,博弈论按照参与者之间是否能达成具有约束力的协议,可以分为合作博弈与非合作博弈。非合作博弈论是研究决策主体的行为发生直接相互作用时候的决策以及这种决策的均衡问题的。它强调的是个体理性(Individual Rationality),强调个体决策最优,其结果可能是无效率的,也可能是有效率的,即符合集体理性的。

1944 年 Von Neumamm 和 Morgenstern 在其经典著作《博弈论与经济行为》(*Theory of Game and Economic Behavior*)中给出了非合作博弈论的一般框架、概念术语和表述方法[51],将二人博弈推广到 n 人博弈结构并将博弈论系统地应用于经济领域,从而奠定了这一学科的基础和理论体系。从1944 年至今,博弈论在理论和实践方面都有长足发展。实践方面,博弈论已应用于军事、政治、经济学、社会学、心理学等众多方面,特别是在经济学方面得到了重要应用,包括市场竞争、经营决策、企业管理、寡头市场、费用分摊等;在理论方面,从静态、完全信息博弈发展到动态、不完全信息博弈,从单次博弈发展到重复博弈,理论的复杂性越来越强,与现实的贴近性也更加紧密。其中,纳什均衡理论也成为迄今为止博弈论中最为重要的理论。

博弈论的研究结果表明,当社会中的每个个体都只考虑自身的利益时,社会利益的最大化不一定能够实现,甚至个人利益的最大化也不一定能够真正实现。

(2) Nash 均衡理论

纳什均衡(Nash Equilibrium),又称为非合作博弈均衡,是博弈论的一个重要术语,以约翰·纳什命名。

假设有 n 个局中人参与博弈,给定其他人策略的条件下,每个局中人选择自己的最优策略(个人最优策略可能依赖于也可能不依赖于他人的战略),从而使自己利益最大化。所有局中人策略构成一个策略组合。纳什均衡指的是这样一种战略组合,这种策略组合由所有参与人最优策略组成,即在给定别人策略的情况下,没有人有足够理由打破这种均衡。纳什均衡达成时,并不意味着博弈双方都处于不动的状态,在顺序博弈中这个均衡是在博弈者连续的动作与反应中达成的。纳什均衡点的概念和求解方法已经成为博弈论中最重要的工具。

纳什均衡的定义:在博弈 $G=\{S_1,\cdots,S_n;u_1,\cdots,u_n\}$ 中,如果由各局中人的各一个策略组成的某个策略组合 $(S_1^*,\cdots,S_n^*)$ 中,任意局中人 i 的策略 S_i^*,都是对其余局中人策略的组合 $S_{-i}^*=(S_1^*,\cdots,S_{i-1}^*,S_{i+1}^*,\cdots,S_n^*)$ 的最佳策略,也即有:

$$U_i(S_1^*,\cdots,S_{i-1}^*,S_i^*,S_{i+1}^*,\cdots,S_n^*) \geqslant U_i(S_1^*,\cdots,S_{i-1}^*,S_{ij},S_{i+1}^*,\cdots,S_n^*) \tag{2-6}$$

对 $\forall S_{ij} \in S_i$ 都成立,则称 $(S_1^*,\cdots,S_n^*)$ 为 G 的一个纳什均衡。其中,S_i 表示参与者 i 的策略空间,S_{-i} 表示除了参与者 i 之外其他的 $n-1$ 个参与者所选策略的集合,S_i 表示参与者 i 在策略空间 S_i 中所选的任意策略,u_i 表示参与者 i 的博弈收益函数。

从纳什均衡的定义可以看出,有些博弈有一个或多个纳什均衡点,而有些博弈是没有纳什均衡点的。对于有限策略静态博弈问题可以采用枚举法寻找纳什均衡点。

二、同质成本分配与异质成本分配

同质成本分配具有无可比拟的优越性,因其依据相同(或类似)的因果关系(或受益关系),使得成本分配信息更为精确。这一结论可以从目前推崇成本的精细化可以得到证实,因为成本归集得越精细,成本集合愈倾向于同质化。但是在全球生产网络环境下,异质特质无法避免,而且随着制造业供应链出现物流、金融等服务供应链的拓展,供应链环境变得越来越杂质化,异质分配情形大量涌现。同质成本分配就成为一种理想的假设的状态,这时如果仍然采用同质方法进行供应链成本分配,反而会导致成本分配结果的近似和模糊,不能得出精确的成本分配信息。因此,面对供应链环境的变化,如何有效解决 SCCA 的精确性问题,就成为一个无法忽视且有待解决的问题。

1. 同质成本分配

传统制造业乃至于我国现阶段制造业 SCCA 多是基于同质假设。处于产品制造和装配低端环节的供应链,主要以制造产品交付实现利润与价值,制造商从其供应商处采购原材料或零部件,通过制造、组装、分销、零售等过程将原材料转换成零部件再转换成产品,直至市场中的最终用户。简言之,供应链间企业之间的相互关联只针对于与产品相关的原材料和部件的采购、制造与销售,完全是产品实物形态变化。同质分配假设也在会计实践中得到了充分验证,例如以预算机器工时比重、预算人工工时比重或者提供服务比重为权数进行共摊成本分配;对提供服务总金额、提供服务比重进行排序后再分配以及增量成本分配法等会计形式的成本分配,都时刻展现着同质成本分配的精髓。

常见的同质成本分配法主要包括平均成本分配法、序列成本分配法与 Shapley 值分配法。本节对同质成本分配的数学模型描述及三种同质分配法的具体分配规则进行详细介绍。

(1) 同质成本分配的数学模型描述

同质成本分配模型,即同质投入与同质产出模型。

设成本分配总量实现给定,以正数 C 表示;$N=\{1, 2, \cdots, n\}$ 为一组个体的集合;$B=\{b_1, b_2, \cdots, b_n\}$ 为非负 n 维向量,表示需求、效用与权力等,假设 $\sum_{i=1}^{n} b_i \geqslant C$,则成本分配问题表示为求解 $x=\{x_1, x_2, \cdots, x_n\}$,满足 $\sum x_1 = C$,其中,解向量 x 是 B 的函数。解决这类问题的关键在于分配的公平性。

在很多情况下,成本分配总量并不是事先给定的,而是由成本函数确定,设 $\Gamma(1, 1)$ 为非连续的成本函数集合,对于 $C \in \Gamma(1, 1)$,有 $C: R_+^N \to R_+^N$,$C(0)=0$,设 $N=\{1, 2, \cdots, n\}$ 是一组个体;$q=\{q_1, q_2, \cdots, q_n\}$ 是一个需求组合;$C \in \Gamma(1, 1)$ 是成本(或生产)函数,令 $\sum_{i=1}^{n} q_i = q_N$,应如何在个体之间分配 $C(q_N)$? 这一模型可用 (q, C, N) 或 (q, C) 表示,这时的投入与产出显然是同质的。

(2) 平均成本分配

平均成本分配(Average Cost Pricing,简称 ACP)在很长一段时间内曾经是同质成本分配模型的唯一可用方法。平均成本分配这一方法来源于著名的亚里士多德的公平性规则。亚里士多德提出"等价问题等价处理,不等价问题根据差异和相似性进行处理"这一规则,比例性方法得以提出并成为在不同权力代理人之间分配一定数量可分割产品的配给问题的一个主要解决方法,对应于同质产品和规模收益不变情形下的成本分配问题,很明显成本分配额应该与个体的产出需求呈比例,由此延伸出平均成本分配(其实质即为比例性规则)。

平均成本分配(ACP)以每一合作企业占总产出需求的比例计算各自成本分配额。其公式为:

$$\varphi_i^{ACP}(x, C) = \frac{x_i}{x_N} C(x_N) \tag{2-7}$$

其中：n 表示供应链中合作企业的数目；x_i 表示合作企业 i 的产出需求 ($i=1, 2, \cdots n$)；x_N 表示供应链间所有合作企业的需求总和，$\sum_{i=1}^{n} x_i = x_N$；$C(x)$ 表示供应链成本函数；$\varphi_i^{ACP}(x, C)$ 表示供应链间合作企业 i 的成本分配额。很明显,公式(2-7)表示的 ACP 计算的每一企业成本分配额与其自身产出需求成比例,这一方法以相同固定比率(Identical Fixed Rate)为分配依据在所有合作企业之间分配成本,受到其自身需求和所有企业需求总额的影响。可以说,ACP 是一种最经济、数学表达非常简单且便于执行的经验主义方法,传统会计在成本分配时最多采用的方法即为平均成本分配,例子比比皆是。如分配联合成本的两种基本方法,利用市场销售数据(分离点销售价值、预计可实现净值、固定毛利率可实现净值)分配成本,将每种产品销售价值占总销售价值的百分比作为各自权数,利用物理测量数据(重量、体积)分配联合成本,以产品在分离点处相应的产出份额为分配基础等等,无不体现着平均成本分配的思想。ACP 的分配比例可以是预算机器工时比重、预算人工工时比重,也可以是提供服务的比重,其实质是假设规模收益不变(Constant Returns to Scale)。ACP 作为充分诠释平均分配思想(比例性)的一种极端方法,只能适用于同质一元情形,对于异质的多元拓展就显得不太适用。

(3) 序列成本分配

序列成本分配(Serial Cost Sharing,简称 SER)最初是由 Shenker(1990)提出,后来 Moulin 和 Shenker(1992)就成本和剩余分配问题采用这一方法加以详细分析[55]。SER 作为在 n 个合作企业之间分配单一产品生产成本的一种方法,是用于解决同质成本分配问题的一种典型方法,是充分诠释优先性(Priority)特性的一个极端方法。SER 的分配思想为[56]:根据产出需求的递增顺序重新标明供应链中合作企业的次序 $x_1 \leqslant x_2 \leqslant \cdots \leqslant x_n$。先将 $(n \cdot x_1)$ 需求所产生的成本在 n 个合作企业之间平均分配,那么供应链中合作企业 1(具有最低需求)的成本分配额为 $\varphi_1^{SER}(C, x) = \dfrac{c(nx_1)}{n}$;第 2 个合作企业除了分配合作企业 1 的成本 φ_1 还需负担从需求 $(n \cdot x_1)$ 至 $[(n-1) \cdot x_2 + x_1]$ 的边际成本的 $\dfrac{1}{n-1}$,也即 $\varphi_2^{SER}(C, x) = \dfrac{c(nx_1)}{n} + \dfrac{c[x_1 + (n-1)x_2] - c(nx_1)}{n-1}$;以此类推(其他单位需求所产生成本在余下供应链中合作企业之间平分),那么最大需求企业的分配额为

$$\varphi_n^{SER}(C, x) = \dfrac{c(nx_1)}{n} + \dfrac{c[x_1 + (n-1)x_2] - c(nx_1)}{n-1} + \cdots + \dfrac{c(x_1 + \cdots + x_n) - c(x_1 + \cdots + x_{n-2} + 2x_{n-1})}{1}。$$

如果简化定义供应链间不同合作企业的产出需求,非减序列 $z^i(i=1, 2, \cdots, n)$ 的形式如下:

$$x^1 = n \cdot x_1$$
$$x^2 = x_1 + (n-1) \cdot x_2$$
$$\vdots$$
$$x^i = (n-i+1)x_i + \sum_{m=1}^{i-1} x_m$$
$$\vdots$$
$$x^n = x_N = \sum_{m=1}^{n} x_m \tag{2-8}$$

则供应链中合作企业的 SER 分配额可由下列公式加以表示:

$$\begin{cases} x_1^{SER} = \dfrac{C(x^1)}{n} \\ x_2^{SER} = x_1^{SER} + \dfrac{C(x^2)-C(x^1)}{n-1} \\ \cdots \\ x_i^{SER} = x_{i-1}^{SER} + \dfrac{C(x^i)-C(x^{i-1})}{n-i+1} \end{cases} \quad (2\text{-}9)$$

可以看出,SER这一序列分配方法得出的企业 i 的成本分配额只与其自身需求以及那些低于自身需求的其他企业需求相关,也即独立于高于自身的那些需求[1]。与平均分配的ACP相同,SER也只能适用于同质一元情形,对于异质分配情形同样显得不太适用。很多学者针对这一问题,也已经提出了解决方法,其中一个非常有名的就是Friedman和Moulin(1999)提出的FM序列分配[57],它将SER推广至每一企业消费不同产品的异质模型。

(4) Shapley 值

Shapley值是合作博弈理论一个非常重要的解,也是重要的同质成本分配方法。它是由L. S. Shapley 在1953年提出的解决 n 人合作对策问题的一种数学方法,已经从许多不同角度被描述研究(Young, 1985; Myerson, 1977; Hart和Mas-Colell, 1989)[58-60]。Shapley值对边际价值概念加以推广,认为在成本分配的每一参与方必须支付边际成本,也即Shapley值等于每一参与方对于总成本的平均边际贡献。Shapley值具体分配方法已在前文中详细介绍。

2. 异质成本分配

SCCA的异质成本分配是同质分配的一般化形式,它与同质模型的唯一不同之处在于企业需求为 $p(p \geqslant 2)$ 种异质需求(这 p 种需求不能合并或减少)。异质成本分配的特性在当前全球制造环境下国际垂直分工中供应链企业成员之间成本分配有所表现。当制造企业之间不再是纯粹的加工制造领域合作,企业之间交易的也不再是单纯的零部件中间产品,金融服务、物流服

---

① Moulin和Shenker(1992)提出的序列成本分配法(SER)也被称为递增序列规则(Increasing Serial Rule),正如Hougaard和Thorlnnd-petersen(2001)所讨论的,该规则在成本函数为凸函数时尤其适用。而de Frustos(1998)提出了适用于成本函数为凹函数的递减序列规则(Decreasing Serial Rule),认为成本分配额由自身需求以及那些高于自身需求的其他企业需求决定。

务、信息服务等生产性服务逐步与加工制造相联合,这种情况导致制造业供应链异质成本分配的出现:(1)最根本原因在于投入要素的异质性。产品生产离不开生产要素的投入,其实质是各种生产要素的融合过程(张为付,2009)[61]。在全球化背景下,随着生产和技术的进步,产品生产过程和投入要素愈加复杂,各种生产投入要素在生产过程中的地位不断发生变化。自然资源、劳动力等传统生产要素作用趋于减弱,而技术、信息、人才、创新等知识要素作用趋于增强(金芳,2003)[62],并逐渐成为生产过程的主导因素(吕春成,2003)[63]。(2)制造环节与生产性服务环节的异质性。制造链节以资本、劳动力作为分工基础,而生产性服务链节的要素基础则来自文化、制度、规则、人力资源等。随着国际分工的深化发展,物质要素禀赋作用减弱,非物质要素禀赋作用趋于增强,制造—服务环节的异质性愈发明显。在国际垂直专业化分工环境下,制造链节主要以大量同质性要素投入为主,产品盈利空间越来越小,生产性服务由于具有文化、制度、规则等"遗传基因"的不易模仿和复制的特性(张捷,2007)[64],成为众多制造企业挖掘盈利的另一条捷径。(3)不同生产性服务环节之间的异质性。作为中间产品投入的生产性服务具有高度知识化和差异化的重要特征(Markusen,1989)[65]。一方面,由于许多生产性服务涉及经验的提供,尤其是知识密集型服务产品中内植的知识质量和服务绩效很难预知,而这些知识要素不具可比性,生产性服务的差异性毋庸置疑;另一方面,生产性服务具有行业差异性和阶段性,它直接面临不同国家或不同地区层面的政策限制、文化差异和信息障碍(Markusen 和 Rutherford,2001)[66]。全球化经济中竞争优势对于制造环节的依赖性日益下降,生产性服务则越来越具战略性和增值潜力(郑吉,2005)。异质性的直接后果就是由于国际垂直分工的各个链节之间并不平等的地位导致利润分配也不平等,而且在国际垂直分工中占据主导地位的链节往往拥有在利润分配上的绝对控制权(Gereffi,1994)[67]。尤其生产性服务作为制造业中间投入和价值链延伸,上游的研发与下游的物流、售后服务等链节促进了产品的异质化,更有甚者认为研发是异质性的关键环节(李海舰和原磊,2005)[68]。总而言之,制造业供应链中不仅包括纯粹制造环节的零部件中间产品流转,还包括形式各异且不具可比性的金融、技术、商务等生产性服务投入。有的供应链中合作企业可能提供原材料或零部件,有的可能对产品进行制造组装生产，有的可能提供技术研发、金融、营销、品牌管理等生产性服务，这些属于供应链中合作企业的不同需求，并且这些需求是不能合并的。

应用于一般成本分配领域的异质成本分配研究成果可以嫁接到 SCCA 研究领域。本节基于 Moulin(2002)[26]关于可加性成本分配方法与配给方法具有的同构性①，主要论证脱胎于配给方法的同质分配方法②（平均成本分配和序列成本分配）如何延伸至异质分配模型，以及另一个颇具影响力的合作博弈解（Shapley 值和核）在成本分配领域的拓展应用，从而更好地解决 SCCA 分配的精确性问题。

(1) 异质成本分配的数学模型描述

异质成本分配按其投入与产出的类型可划分为二元需求模型、离散需求模型与连续需求模型。供应链的、异质成本分配模型的前提假设为：

假设 1：供应链中一组合作企业集合 N ($i=1, 2, \cdots, n$) 进行合作生产；

假设 2：生产过程中共有 p ($j=1, 2, \cdots, p$) 种异质产出需求，表示为 $x=(x_1, x_2, \cdots, x_p)$；

假设 3：每一合作企业对于 p 种异质产出的需求为 $\boldsymbol{X}=(\boldsymbol{X}_1, \boldsymbol{X}_2, \cdots, \boldsymbol{X}_n)^{\mathrm{T}}$，那么有：

$$\boldsymbol{X}=(\boldsymbol{X}_1, \boldsymbol{X}_2, \cdots, \boldsymbol{X}_n)^{\mathrm{T}}=\begin{bmatrix} x_{11} & x_{12} & \cdots & x_{1p} \\ x_{21} & x_{22} & \cdots & x_{2p} \\ \vdots & \vdots & \ddots & \vdots \\ x_{n1} & x_{n2} & \cdots & x_{np} \end{bmatrix}_{n\times p} \quad (2\text{-}10)$$

其中 x_{ij} ($i=1, 2, \cdots, n$; $j=1, 2, \cdots, p$) 表示企业 i 对于产出 j 的需求，且有：

$$x_j = \sum_{i=1}^{n} x_{ij} \quad (j=1, 2, \cdots, p)$$

---

① 同构(Isomorphism)是指两组元素的一一对应关系，这种关系使得其中一组元素进行运算的结果对应于对它们在另一组中的像进行类似运算所得的结果。

② 同质分配方法除了平均分配法和序列分配法之外，边际成本分配(Marginal Cost Sharing)也是其方法之一，但是由于边际成本分配公式 $\varphi_i^{MCP}(C, x) = x_i C'(x_N) + \frac{1}{n}[C(x_N) - x_N C'(x_N)]$ 计算出的分配额可能为负，所以我们在此对该方法不做过多论述。不过，源于西方古典经济学中分配理论的边际成本概念在 SCCA 的成本分配中还是得到了广泛运用。

① 二元需求模型

设 $\Gamma(N,1)$ 为非减连续成本函数集合,对于 $C\in \Gamma(N,1)$,有 C: $R_+^n \to R_+$, $C(0)=0$,设 $N=\{1,2,\cdots,N\}$ 是一组个体;$q=\{q_1,q_2,\cdots,q_n\}$ 是 n 类异质不可划分货物需求组合;C 是成本(或生产)函数。这时应如何在个体之间分配 $C(q_1,q_2,\cdots,q_N)$？在本模型中,由于产出是不可划分的,需求只能为 0 或 1,也就是说每个个体需求是独特的,它们可能对总成本有着不同的影响。二元需求模型是当 $N=2$ 时的离散需求模型的特殊情况。

② 离散需求模型

设 $\Gamma(P\cdot N,1)$ 为非减连续成本函数集合,对于 $C\in \Gamma(P\cdot N,1)$,有 C: $R_+^{P\cdot N} \to R_+$, $C(0)=0$,设 $N=\{1,2,\cdots,N\}$ 是一组个体;$q=\{q_1,q_2,\cdots,q_n\}$ 是 n 类异质的、离散的、不可划分货物需求组合;C 是成本(或生产)函数。在本模型中,由于产出是不可划分的,需求为整数,这时应如何在个体之间分配 $C(q_1,q_2,\cdots,q_N)$？

③ 连续需求模型

设 $\Gamma(P\cdot N,1)$ 为非减连续成本函数集合,对于 $C\in \Gamma(P\cdot N,1)$,有 C: $R_+^{P\cdot N} \to R_+$, $C(0)=0$,设 $N=\{1,2,\cdots,N\}$ 是一组个体;$q=\{q_1,q_2,\cdots,q_n\}$ 是 n 类异质的、连续的、不可划分货物需求组合;C 是成本(或生产)函数。这时应如何在个体之间分配 $C(q_1,q_2,\cdots,q_N)$？在本模型中,由于产出是不可划分的,需求为实数,这时应如何在个体之间分配 $C(q_1,q_2,\cdots,q_N)$？

(2) 平均成本分配的异质拓展：Aumann-Shapley 法

Aumann-Shapley 法(简称 A-S 法)是比例分配思想在异质成本分配情形的最本质拓展,它适用于多元贡献情形。A-S 是基于无原子对策理论提出的一种分配方法[69]。无原子对策理论最早由 Aumann 与 Shapley 提出,并对其性质与解法进行相应研究,由此给出了 Aumann-Shapley 值,被应用于很多领域的决策问题中①。A-S 赋予企业不同需求之间的每一路径以相同的

---

① 令 (I,C) 为一度量空间,其中 I 为参加人集合,C 为 I 的一个可度量子集,C 中元素被称为联盟。FA 为有界可加函数集合。设 $f\in FA$, α 为一无原子度量,则对策 $\vee\alpha = f\cdot\alpha$ 被称为一个无原子对策。定义 NA 为 (I,C) 上的无原子对策集合。其中 $\alpha(S)>0$(对所有 $S\in C$)的无原子对策集合用 PNA 来表示。对于 PNA 中的对策 $\vee\alpha$,存在唯一的值 Φ 满足有效性与对称性,$\Phi(f\circ\alpha)(s) = \sum_{j=1}^{n}a_j(S)\int_0^1 \frac{\partial f(t\alpha)}{\partial x_j}dt$ 被称为对策 $\vee\alpha$ 的 Aumann-Shapley 值。

权重,当各种投入(或产出)对于成本函数值具有相同贡献;A-S 成本分配额相等。A-S 分配法能够更多的利用成本函数所提供的信息,并且能够有效地扩展到多重投入与产出的情况,因此不失为一种有效的异质成本分配方法。对于每一成本分配问题,Aumann-Shapley 分配法采用 $0 \to x$ 的路径(x 为需求向量),$r(t)=tx$ ($t \in [0,1]$),每一企业的成本分配额为边际成本在 r 上的积分,可以得出 AS 分配法的数学表达为:

定义每一种异质产出需求 j 的单位成本分配额为:

$$\omega_j = \int_0^1 D_j C[r(t)] dt \quad (j=1, 2, \cdots p) \qquad (2-11)$$

其中 $D_j C(x) = \dfrac{\partial C(x)}{\partial x_j}$,称 $\omega = (\omega_1, \omega_2, \cdots, \omega_p)$ 这一成本分配规则为 AS 价格[70]。

那么运用 AS 分配法进行计算,可以得出供应链中合作企业 i 的成本分配额表示为:

$$\varphi_i^{AS}(C, x) = \sum_{j=1}^p x_{ij} \omega_j = \sum_{j=1}^p x_{ij} \int_0^1 D_j C[r(t)] dt \qquad (2-12)$$

公式(2-12)为 Aumann-Shapley(A-S 法)定价公式。A-S 机制的直观解释如下:假设供应链中有 n 个企业合作生产,p 种异质产出需求共同耗费成本 $C(x)$。在供应链中企业合作生产过程中,每次产出一个 x_i 的无穷小量,由此产生的边际生产成本应由供应链中第 i 个合作企业承担。

无论是 ACP(同质)抑或 A-S 法(异质)[①],这两种成本分配方法的本质都是按比例分配思想,其隐含的假设是供应链中合作企业共享技术的规模收益不变。但是在现实供应链中,或者更确切来说,规模收益变化更切合实际,因此,平均分配的 ACP 和 A-S 分配方法尽管简单经济,但是却并不适合所有的成本分配情形,尤其是当供应链中不同企业处于不对等状态,总是有些企业处于供应链核心,占据着供应链高端利润,这就意味着它们在供应链成本分配中通常具有某些优先权。正是由于供应链中不同企业的重要地位的不

---

① 体现比例分配的平均思想的方法也不只有 ACP 和 A-S 两种,其他比例分配方法如:序数比例法,轴心法(Sprumont, 1998)。

同,当某一技术的规模收益变化很大且不同企业需求也大相径庭时,仍然采用比例法在供应链的不同企业之间分配成本,成本分配结果则不会令人满意。那么,必须运用平均分配以外的方法,而具有优先性(Priority)特性的序列成本分配正好可以较好地解决这一问题。

(4) 序列成本分配的异质拓展:Friedman-Moulin法

Friedman和Moulin(1999)提出的Friedman-Moulin法(简称F-M法)是SER序列分配向异质模型的拓展[57]。与Aumann-Shapley分配法的路径生成法相同,FM序列分配以同样的形式计算在路径r上的积分[定义$r(t) = te \wedge x$,其中$e = \overbrace{(1, 1, \cdots, 1)}^{p}$,$(a \wedge b) = (\min\{a_1, b_1\}, \min\{a_2, b_2\}, \cdots, \min\{a_p, b_p\})$]。为简化起见,假设供应链中每一合作企业恰好需要一种产出需求①,可以得出F-M分配法的数学表达为:

$$\varphi_i^{FM}(C, x) = \int_0^{x_i} D_i C[r(t)] dt \quad (2-13)$$

其中:$D_j C(x) = \dfrac{\partial C(x)}{\partial x_j}$;$r(t) = te \wedge x$。分配公式(2-13)也称为F-M法序列公式。如果情况发生变化变得复杂,即如果供应链中每一合作企业可能需要一种或几种异质需求,那么此时分配也会相应复杂,一种简单处理方法是对于每一种异质需求按照公式(2-23)处理,然后按照每一企业对于每一种异质需求所占比例加以分配;另一种处理方法就相对更加繁琐,即需要考虑不同合作企业对于不同异质需求的变化,我们在本书中不作求解。

SER和F-M这两种序列分配法②摒弃了平均分配未考虑不同需求($0 \to x_N$)的收益变化这一缺点,企业不会承担并未由其自身造成的较高平均成本。这就意味着在SCCA过程中,对于需求较大(不排除其他因素)的供应链中合作企业赋予较大的分配权重,需求较小的企业只会分配正常平均成本,而需求较大的企业则还需负担额外成本(高于平均成本);至于供应链中的剩

---

① 具体而言,假设供应链中企业集合为$N = \{1, 2, \cdots, n\}$,产出需求为$P = \{1, 2, \cdots, n\}$,企业i的需求为$x_i (i = 1, 2, \cdots, n)$。

② 应用于异质模型的序列分配法并不只有FM序列分配,其他序列分配法如:radial serial rule(辐射序列分配法,Koster等,1998)、directional serial rule(直接序列分配法,Koster,2005)、Moulin-Shenker rule(Moulin-Shenker法,Sprumont,1998)。

余分配也是如此,投入贡献较大的供应链间合作企业剩余分配权重较大,不仅能获得平均利润还能获得超额利润,而投入贡献较小的企业只能分配得到平均利润,避免了低贡献企业的搭便车问题。可以说,以 SER 和 F-M 法为代表的序列分配法更符合全球生产网络环境下的供应链成本分配问题。一方面,在供应链的整个链条环节中,上下游企业具有不同的重要地位,尤其随着全球竞争的加剧,争夺供应链控制权和战略地位成为获取更多利润的关键;另一方面,由于技术、信息、人才等知识要素正成为供应链生产过程的主导和新的利润增长点,必然会带来大量的非线性收益问题,这时再采用固定比重的平均分配则显得既不公平,也不具有激励性。对于供应链中占据重要地位和拥有控制权的企业,给予较高的分配权重,而对于那些地位相对较低的企业,赋予的分配权重则相对也较低,序列成本分配法的运用较好地解决了需要考虑不同重要地位的供应链的不同企业的成本和利润分配问题。

(5) Shapley 值法成本分配拓展:Shapley-Shubik 法

Shubik(1962)是第一个采用 Shapley 值来解决成本分配问题的[71]。由于二元需求等价于合作博弈,运用 Shapley 值来解决独立博弈产生的成本分配,即为所谓的 Shapley-Shubik 方法(简称 S-S 法)。Shapley-Shubik 分配法将 Shapley 值由分配对策问题引申到更普遍、更一般化的成本函数范畴[72],它对于 n 人合作集合的所有包含 i 参与者的子集①分别计算 Shapley 值得到企业 i 的边际贡献凸组合,即为 Shapley-Shubik 分配法。Shapley-Shubik 分配公式如(2-14)所示 ($i=1, 2, \cdots n$):

$$\varphi_i^{SS}(C, x) = \sum_{s: i \in S \subset N} \frac{(s-1)! \ (n-s)!}{n!} [C(x_S) - C(x_{S \setminus i})] \quad (2-14)$$

其中:S 为集合 N 的子集合,且 $S \subseteq N$,$s = |S|$ 表示集合 S 的企业个数;$C(x_S)$ 表示供应链中合作企业子集 S 中所有企业的总成本;$C(x_{S \setminus i})$ 表示子集 S 中除去企业 i 之外的所有企业的总成本;$C(x_S) - C(x_{S \setminus i})$ 表示企业 i 的边际成本;$\frac{(s-1)! \ (n-s)!}{n!}$ 为加权因子。

---

① 假设 $N=\{1, 2, 3\}$,对于参与者 $i=1$ 来说,包含他的集合有 4 个,即 $\{1\}$、$\{1, 2\}$、$\{1, 3\}$、$\{1, 2, 3\}$。

第四节 供应链成本分配多元化的统一

学界对于 SCCA 的研究文献较多,并散见于经济学、管理学和会计学多领域。但是目前研究现状存在不足且各领域对成本分配内涵和外延存在差异,需要从内在逻辑上梳理和统一。

一、管理学领域的成本分配

管理学范畴的成本分配是指在不同份额或类型产出(或投入)的项目共同参与人之间公平分配合作成本(或产出)。管理学中的 SCCA 问题等价于收益分配,其本质上都是联盟契约设计问题。根据契约订立的时机可以划分为事后的分配契约(决策),即在供应链联盟活动的终点对于联盟整体的收益或成本制定合理的分配契约,偏重于分配方法的选择;事前的供给契约(决策),即在供应链联盟活动的起点就制定最终联盟收益或成本的分配契约,目的是激励盟员做出对联盟有利的决策以提高联盟整体和个体收益,偏重于联盟资源配置的效率性(Palsule-Desai 等,2010)[73]。以横向库存联盟为例,单个零售商面临报童问题,而多个零售商可以联合订货且集中库存,当某一联盟企业出现缺货或超订时进行库存调剂。库存联盟既可以在销售周期结束后根据盟员贡献大小制定收益分配契约,也可以在销售周期前就确立供给契约以促进各零售商优化订货量(Özen 等,2012)[74]。管理学中分配决策与供给决策两者的关系可以概述为分配决策是在联盟结果形成后进行"分蛋糕"方法的选择,而供给决策是在联盟形成前就考虑"分蛋糕"对"造蛋糕"的影响。

管理学范畴与经济学和会计学范畴的 SCCA 的显著差异在于,一则是唯"商业趋利性"是图,基于经济人假设,所有供应链盟员为了追求自身利益的绝对最大化在一定程度上进行共享信息、联合库存、调整定价等决策博弈以实现联盟收益的相对最大化;二则是带有一定的动态系统与联盟稳定的思想。管理学利用动态博弈与动态规范等方法研究供应链联盟系统中盟员的动态决策,并利用核心、核仁与前核仁等可转移效应博弈的解集研究供应链联盟的稳定性特征。但是,联盟动态稳定的相关理论与研究方法散见于博弈论的不同研究范式中,亟待进行专题讨论、梳理与整合。

二、经济学范畴的成本分配

经济学范畴的成本分配最早由英国古典经济学家亚当·斯密在《国富论》中提出。斯密的分配理论是以劳动价值为基础的,认为工人、地主和资本家根据对产品价值的资源禀赋贡献参与分配,分别获得工资、利润和地租。美国新古典经济学家克拉克在静态和动态经济学的基础上提出边际生产力分配理论,认为每个生产要素在参加生产过程中是一单位一单位地增加供应,追加的最后一个单位的增量产出,就是该生产要素的边际生产力,每单位生产要素都应该按照其边际生产力获取报酬。此外,经济学对成本概念更广义的定义是自有生产要素在其他用途中所能获得的最高收入,即机会成本。因此,在计算经济利润与收益分配时也应该考虑机会成本。

经济学范畴与管理学和会计学范畴的 SCCA 的显著差异在于,一则其本质上是研究如何最优化地配置稀缺资源进行社会生产,并在提供不同要素的部门间进行产品价值的分配;二则,经济学提供了一些其他领域可以借鉴的分配原理,如按贡献分配、按边际产出分配等,为公平分配在工程与会计中的实施提供了重要的理论支撑。

三、会计学范畴的成本分配

会计学范畴的成本分配注重成本计量逻辑与会计准则约束。Lalonde 和 Pohlen(1996)将 SCCA 定义为供应链关键流程活动的成本绩效衡量机制[18]。SCCA 的作用包括:确定供应链的整体有效性、确定进一步改进或再造的机会、衡量单个活动或流程的绩效、评估替代供应链结构或选择供应链合作伙伴、评估效果的技术改进。SCCA 并不会取代传统的成本会计,而是将现有分类账户转换为管理人员可以用来评估供应链绩效和资源消耗的诊断工具。SCCA 本质上创建了另一套"账簿",既包括供应链成本的事前预算也包括事后核算。

在会计学视角下,SCCA 的工具主要是供应链管理会计。一方面,供应链成本预算工具的代表是供应链目标成本法。通过"链接"供应链合作伙伴的目标成本系统可以实现供应链层面的目标成本计算。制造商特定零部件的目标成本构成了供应该零部件的合作伙伴的目标价格,合作伙伴对该零部件重复目标成本进行计算与进一步分解,并将目标成本信息传递给其自己的供应商。成本目标通过整个供应链一直传递给原材料供应商。Smith 和 Lockamy(2000)[75]根据消费者需求动态或静态及供应链的敏捷程度高低将供应链成本预算划分为三个层次:一是价值导向的目标成本,对供应链活动进行价值分析并建立一个能够创造卓越客户价值的供应链;二是价格导向的目标成本,建立一个具有价格竞争力的供应链;三是作业导向的目标成本,识别并建立高价值、高质量、高效率的成本供应链活动。另一方面,供应链成本核算工具的代表是供应链作业成本法。在供应链环境中,产品成本既由单个企业的内部作业决定,也由跨组织作业决定。为了充分识别、衡量和管理不同跨组织作业的(总)成本,必须在供应链合作伙伴之间识别和正确描述作业,必须收集和交换活动数据(消耗的资源量、每个任务和作业的发生次数等)(Seuring 和 Goldbach,2002)[15]。会计学范畴与管理学和经济学范畴的 SCCA 的显著差异在于,一则是"管理多目标性",会计学视角的 SCCA 具有多重目标,即提供准确、一致的供应链成本信息,为盟员成本与收益分配、供应链成本控制及经济决策提供依据与基础;二则是仅从静态的和平均的角度审视问题,难以维持供应链联盟的长久稳定。供应链成本会计根植于经验主义的一次性平均分摊方法及规模收益不变的假设,而供应链成本环境中资源的差异性越来越大,无法支持联盟的动态稳定性这一目标,亟待变革。

四、SCCA 内涵与外延的协整

鉴于此,本书在会计学、经济学和管理学三个领域的 SCCA 理论的基础上,对 SCCA 的概念加以统一:以供应链联盟合作已经或即将产生的成本或收益为分配对象,选择或设计合适的分配方法,目的是从联盟活动的末端或起点促进供应链联盟的长期稳定。作为广义的 SCCA 的概念,其特点是突破了传统成本分配静态、单阶段且单一企业的局限,着眼于动态、多阶段的供应链联盟整体的分配过程,此外确立了 SCCA 的目标是通过具有良好公平与激励性质的分配方法保障供应链联盟结构的动态稳定。

表 2-3 SCCA 内涵与外延的协整(Improvement Required Based on Shortcomings)

领域	SCCA 的内涵与外延	代表文献	协整与统一
管理学	SCCA 问题本质上都是联盟契约设计问题。根据契约订立的时机可以划分为事后的分配契约,偏重于在供应链联盟活动的终点选择公平的分配方法;事前的供给契约,偏重于在供应链联盟活动的起点提高联盟资源配置的效率性	Palsule-Desai 等(2010),Elahi 等(2013),Roma 和 Perrone(2016)[73,76-77]	(1)以供应链联盟合作已经或即将产生的成本或收益为分配对象;(2)选择或设计合适的分配方法,目的是从联盟活动的末端或起点促进供应链联盟的长期稳定(从静态稳定扩展到动态稳定);(3)约束条件可以借鉴会计学,不拘泥于商业利益假设,可以放宽约束条件,如管理需要、核算需要等
经济学	在不同份额或类型产出(或投入)的参与人之间公平分配合作成本(或产出)是可转移效用合作博弈理论的中心主题	Drechsel 和 Kimms(2010),Fiestras-Janeiro 等(2011),Lozano 等(2013)[78-80]	
会计学	供应链关键流程活动的成本绩效衡量机制,创建了另一套"账簿",既包括供应链成本的事前预算也包括事后核算。事后核算进行供应链成本的归集与分摊,主要依赖供应链作业成本法等工具,而事前预算积极地、面向未来地将供应链成本(节约)目标分解到各个成员与流程中,主要依赖供应链目标成本等工具	Lalonde 和 Pohlen(1996),Smith 和 Lockamy(2000),Seuring 和 Goldbach(2002),Taschner 和 Charifzadeh(2020)[18,75,15,81]	

可见,每个领域的 SCCA 研究都有各自的功能和长处,会计学的成本分配可以借鉴工程管理中稳定与商业趋利的思想及经济学中稳定及按贡献分配的思想,工程管理的成本分配可以借鉴会计学中的实用性约束与经济学中的资源配置优化的思想。值得注意的是,SCCA 作为供应链联盟的条件和表现也是保障大联盟稳定的重要工具,成本分配方法必须具有良好的性质才能约束盟员不进行叛逃而导致联盟分崩离析。

第五节 本章小结

基于广义的供应链成本管理和成本分配概念,本书梳理了供应链联盟成本管理及成本分配理论,回顾了供应链成本管理理论的产生、流派和方法,及SCCA方法与成本公理相关内容,具体来说有以下几个方面的内容:

(1) 21世纪的竞争不再是企业与企业之间的竞争,而是供应链与供应链之间的竞争。供应链的出现是市场国际化、需求主导化和信息技术革命化的必然结果。供应链扩展了企业的概念,企业边界超越了单一企业扩展到供应商、客户和其他关联组织,供应链管理的资源从单一企业的内部资源转变为各节点企业的全部资源,供应链的出现势必要以系统管理思想去处理企业之间的关系,供应链管理是顺应这种潮流的一种新的管理思想。供应链之间的竞争使得成本最低的目标并不拘泥于单个企业,而是整条供应链的成本最低。因此,供应链成本管理是供应链管理的重要组成部分。

(2) 供应链成本管理是一种跨企业的成本管理,其视野超越了企业内部,将成本的含义延伸到了整个供应链上企业的作业成本和企业之间的交易成本。包括企业在采购、生产、销售过程中为支撑供应链运转所发生的一切物料成本、劳动成本、运输成本、设备成本等,其目标是优化、降低整个供应链上的总成本。供应链成本管理要求企业间成本核算,加强针对供应链相关活动进行成本分配。只有详细评估每一层次供应链,沿着供应链公平分配成本收益,才能获得高效的价值链协调。供应链成本管理理论的研究学者涉及经济学、管理学、会计学、物流学、行为科学等多个学科领域,研究视角和研究成果具有较大差异性。

(3) SCCA是供应链成本管理的一个子目。不同于一般单个企业的成本分配问题,SCCA着重协调供应链上各个成员企业之间的成本,在某种意义上属于收益的分配。从理论上来讲,SCCA已经超出了传统会计学视域下的成本分配框架,其整个成本分配体系和方法更多的体现了统计学方面的思想。因此,对于SCCA的研究应当跨越会计学、管理科学、经济学、统计学等各个学科之间的界限,以综合视角寻求理论突破。

(4) SCCA过程有三个环节和六个要素。其中SCCA的目标强调多维性、质量要求和分配特征等三个方面。SCCA过程主要存在三个环节和六大要素,着重解释了SCCA的分配要素内涵以及这些要素之间的关系,能够更为清楚地理解SCCA的实质所在。无论是SCCA的最终目标,还是SCCA过程,SCCA背后的规律都是四种动力在起作用。

(5) SCCA研究文献较多,并散见于经济学、管理学和会计学多领域,因此,SCCA的内涵与外延需要协整,每个领域的SCCA研究都有各自的功能和长处,可以相互借鉴与协整。

第三章 供应链成本分配的动态稳定理论

本章是本书的核心内容之一。在对供应链成本管理和分配相关理论评述基础上,发现 SCCA 的"理论缺陷",为了找出三个领域的成本分配的共同逻辑框架,本书试图提出 SCCA 的动态稳定理论。本章首先指出会计学领域 SCCA 理念和方法所存在的不足,进而引入 SCCA 的动态稳定性概念,采用博弈方法对 SCCA 稳定与激励相制衡的动态结构进行分析。在此基础上对 SCCA 的分配决策和供给决策进一步细化研究。本章也是第四章至第七章的概括章,即后四章是对本章的具体细化和后续研究。

第一节 供应链成本分配的静态稳定视角

一、SCCA 的静态结构和特征

SCCA 既为联盟企业事后发生的实际成本制定分摊规则,也为其联盟契约中的事前成本预算制定义务承担的约定。因此,SCCA 的静态结构可以细分为核算和预算中 SCCA 两个组成部分,均有共同分配过程和逻辑表现(图 3-1):(1)分配过程。成本耗费、归集直至将成本分配到相关对象并输出成本信息的过程,通过共同显示器(货币)将供应链上发生的各项资源耗费经过成本的信息化处理(归集与分配),最终得到符合需求的供应链成本信息。(2)内在逻辑。第一,根据 SCCA 目标确定成本分配对象;第二,将耗费的供应链成本归集至分配载体;第三,将分配载体中归集的供应链成本分配至分配对象;第四,汇总不同供应链成本分配对象的成本。SCCA 根植于传统企业成本会计,然而其目的并不是力求单个企业的成本最低,更为强调供应链整体资源的最优配置,以提高整条供应链的综合竞争力。

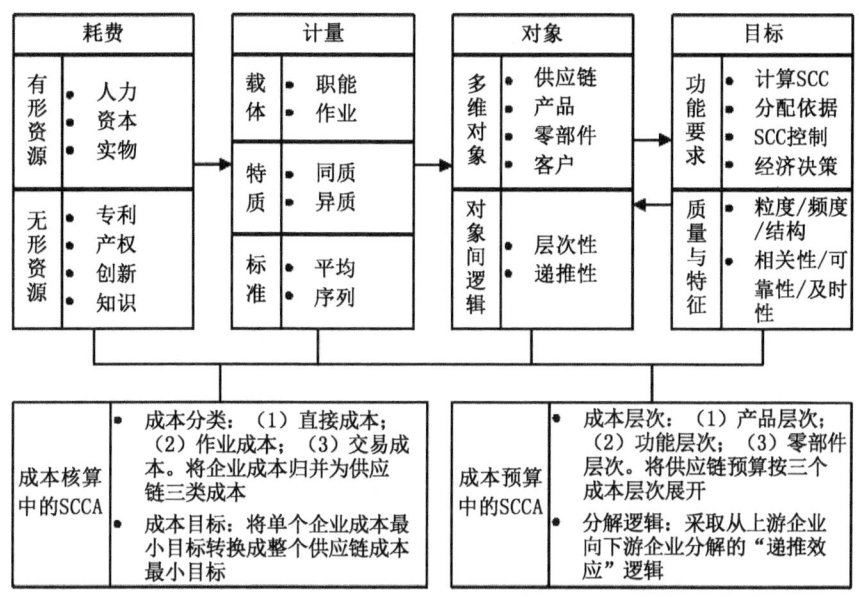

图 3-1 SCCA 的静态结构

二、成本核算和成本预算的静态结构表现

常规的成本管理与核算一般局限于单个企业,供应链成本核算的基础理念是将单个企业成本管理的方法应用于整个供应链,即将其方法拓展到组织的边界之外,旨在基于整条供应链的视角来充分识别链上所有参与者的价值增值活动。供应链成本核算在识别与汇总供应链成本的同时,体现出成本分配过程的特征与实质(殷俊明等,2014)[9]。供应链作业成本法首先将资源在节点企业内部进行归集和分配,得到每一工序应承担的成本,累加得零部件成本。零部件层次的成本伴随着零部件在节点企业之间的转移而产生;各种零部件从不同的供应商处转移至制造商,并经过生产工序形成半成品,即零部件直接成本和加工作业成本之和构成产品功能层次的成本;对散布于不同功能层次的半成品进行整合加工,形成供应链最终产品。相应的,各功能层次成本、整合加工作业成本以及节点企业之间的交易成本之和最终构成了整

条供应链的总成本(图 3-1)。

供应链成本核算中的成本分配注重成本的计量逻辑,属于事后分配。而事前的成本预算的成本分配关注事前任务目标的分解,对于整个供应链管理的意义更为重大(Cooper 和 Slagmulder,2004)[10]。供应链成本预算可以划分为三个层次:(1)市场驱动目标成本。维持市场竞争地位而必需的可接受成本,将市场竞争压力转移到产品设计者身上,它是所有成本缩减目标的基础。(2)产品层次目标成本。产品层次目标成本缩减了现行成本与可达到成本两者的差额,为企业提供了成本缩减的机会。(3)零部件层次的目标成本。依据客户对于产品各功能的需求和满意程度,来确定满足各功能的相应零部件目标成本,以此奠定企业与其供应商签订合同的基础,同时也从侧面反映了企业面对供应商的竞争压力。供应链目标成本分解存在着递推效应,这是目标成本分解基础,即上游企业所面临的目标市场价格是下游企业的零部件层成本。目标成本伴随着供应链进行逐层分解,从市场竞争环境所导致的目标市场价格开始,历经产品层次、功能层次最终到零部件层次,逐层进行目标成本的分解。这种递推效应自下而上,由零售商到制造商最终到供应商,在整个供应链层面形成一个环环相扣、层层递进的目标成本分解体系。供应链上企业在考虑内部成本的同时通过调整供应链成本可以提升整体竞争优势。

三、SCCA 静态结构的局限

伴随着制造业环境的剧烈变化,SCCA 的动态稳定性问题已日益凸显。上述 SCCA 静态结构呈现诸多局限:(1)伴随着环境中不确定性因素的增加以及联盟内部各方势力的此起彼伏,联盟契约的稳定需要成本分配的动态性考虑;(2)传统成本会计分配的隐形假设忽视了成本分配背后多方力量的存在,或认为多方力量博弈是静态平衡的,所形成的成本分配方案是一次有效的;(3)传统成本会计领域所常见的平均和比例分配法只注重眼前利益,难以维持联盟的长久稳定(Nagarajan 等,2010)[7];(4)会计学视域下的 SCCA 是基于同质性环境的分配方法,然而伴随着国际垂直分工的日益深化,供应链成本环境逐渐由同质性向异质性转变,异质环境下的成本分配更需要动态性要求。

传统成本会计的 SCCA 方法属于基于平均思想的一次性分摊法,这是一种最经济、数学表达非常简单且便于执行的经验主义方法,其实质是假设规模收益不变(Constant Returns to Scale)以及同质性成本分配环境下需求和供给的可加性假设。正如 Nagarajan 等(2010)[7]的研究所表明的,平均分配思想难以支持联盟的动态稳定性这一目标。同时,伴随着生产性服务业的崛起,供应链成本环境中资源的差异性越来越大,同质环境中的需求和供给的可加性假设在异质环境中并不满足,基于平均思想的一次性分摊法难以适用。因此,SCCA 需要引入动态稳定性思想,摈弃成本分配背后多方力量静态平衡的隐形假设,从研究成本分配背后多方力量角逐着手,分析权变成因与规律,来构建 SCCA 的动态结构框架。

第二节 供应链成本分配的动态稳定性

一、动态稳定性概念的引入

随着市场竞争的加剧和运输成本的不断攀升,为提高效率,改善服务质量,近年来运输联盟在各种运输方式中有了很大的发展,因而相关的研究也成为运输理论和实践中的热点之一,如航空运输联盟、海上班轮运输联盟、货运联盟等等。而在运输联盟的战略管理中,合理的联盟成员的利润或成本分摊机制是维系运输联盟长期稳定发展的关键。对此,Sanchez 和 Soriano 提出将公平分配解(PES)作为成本分摊的基础,张建高和郑乃伟(2002)[82]运用核仁法给出了联盟各成员的利润分配方案,李军和蔡小强(2007)[83]使用核作为联盟成员运输成本的分摊方案。

常用的联盟成本分摊方式有基于对偶分配解的分摊方式,基于逆向优化解的分摊方式、基于 Shapley 值的分摊方式和基于 PES 的分摊方式。其中对偶分配解和逆向优化解均属于合作博弈中的核心解,因此是"稳定的",并且相对于一般的核心解而言还具有唯一和求解方便的优点。而 Shapley 值是合作博弈的一种"通解",适合各种合作博弈;PES 则是专门应用于运输合作博弈的"特解"。这两种解尽管计算方便,但有可能使运输联盟处于不稳定的状态之中。合作博弈的次加性只能保证联盟的整体理性,而联盟成员是否会因加入联盟而受益呢?这是关系到联盟能否长期维持下去的重要因素。合作博弈的不稳定的解带来了不稳定的利益分配结果,对博弈者产生完全不同的影响,因此研究 SCCA 问题时,对于在不同的解的概念下供应链联盟的动态稳定性探讨是十分必要的。

SCCA 的动态性是指在成本分配过程中,充分考虑某个成本分配会引发供应链成员企业一系列相应的行动,甚至导致联盟结构发生根本性的变化。现实中,由于供应链联盟是一个松散的中间组织,各成员企业之间是契约关系,因此成本分配对于成员企业行为的影响不可忽略,二者是一个连续的相互作用的动态过程(Goldbach,2012)。在现有的研究中,判断联盟成员的利润或成本分摊机制对于联盟稳定性的影响大多使用合作博弈中的核心解的概念,尽管核心解具有"稳定"的良好性质,但也存在核心解不一定存在、核心解可能不唯一、寻找核心解是一个非线性规则(Nonlinear Programming)问题等困难。此外,上述文献中判断联盟的稳定性采用的是一种"短视"(Myopic)和"静态"(Static)的观念,即假定如果没有博弈者可以通过一步偏离某种均衡状态后而马上获益,那么该种均衡状态即是稳定的。然而,尽管某个博弈者的一步偏离不能使他马上受益,但这却有可能引发其他博弈者产生一系列的行动,从而使得联盟的结构发生根本性变化,最终使该博弈者获得比当前更好的境况,因此"动态"的稳定性分析将更加符合现实。

二、公平与激励制衡的 SCCA

成本分配机制是增强供应链联盟竞争力,推动其长远发展的关键因素,应兼顾公平性与激励性两个要求,在供应链联盟的不同发展时期突出不同的重点,最终达到二者的动态均衡(Haferkamp,2009)。而在传统视角下,更多的是考虑了短期的效率,而引入动态稳定后,要更多的考虑长期的公平与效率协调。其中,稳定性的概念来自合作博弈理论,而激励性则来自机制设计理论——非合作博弈理论的一个分支。合作博弈理论中的稳定性与非合作博弈理论中的"纳什均衡"(Nash Equilibrium)相对应,后者指没有个人可以单独背离并让自身的境况更好。成本分配的稳定性是指:某个联盟的成员如果可以利用自己的资源让自身的境况更好,那么就可以说这个联盟能够

"改进"回报向量。一般来说,一个分配如果不能被任何联盟"改进",那么它就是稳定的分配。联盟稳定需要兼顾公平性与激励性两个要求:(1)没有盟员会"倒贴"加入联盟,分配结果越能反映"多劳多得,少劳少得",公平分配使得联盟越发稳定,则公平性是联盟稳定的天然性;(2)有效激励机制因素加入,会使得盟员之间形成"竞争"机制,促进联盟在动态中"稳定"成长,有效激励分配使得联盟发展稳定,则激励性也是联盟稳定的天然性。20世纪60年代,里奥尼德·赫维茨最早提出了机制设计理论,并将其定义为:对于任意给定的一个目标,在自由选择、自愿交换的分散化决策条件下,能否设计并且怎样设计一个合理机制(制度或规则),使得经济活动参与者的个人利益和设计者既定的目标一致。概括地说机制设计就是如何设计一个合理的机制,激励联盟参与者实现既定目标的理论。根据机制设计的含义,成本分配的激励性可以定义为:在自由选择、自愿交换的分散化决策条件下,能否设计并且怎样设计一个合理的成本分配规则,激励联盟成员选择实现联盟组织目标的行动方案。因此,基于稳定性与激励性及其制衡的供应链联盟成本分配机制体现为以下几个方面(图3-2):

(1)考虑供应链联盟合作阶段的成本分配,这时合作收益已经产生,体现为成本分配的分配决策。因此,我们研究成本分配的稳定性,重点分析是否存在分配规则能保证没有联盟成员从大联盟脱离出来,从而大联盟是稳定的。

(2)考虑供应链联盟竞争阶段的成本分配,这时合作收益并未产生,体现为成本分配的供给决策。因此,我们主要研究在不同的成本分配规则之下各联盟成员如何选择行动策略的问题,考察如何通过成本分配规则的选择改善联盟组织的收益,实现供应链协调。

(3)联盟企业间的关系是一种竞合关系。现有理论对于竞合的研究仅限于理论研究阶段,对竞争和合作关系的认识往往比较片面和模糊,将竞争和合作看作是孤立的、此消彼长的两个概念,没有真正地将二者有机地结合在一起。供应链联盟内企业之间既不是单纯的竞争,也不是单纯的合作,而是合作与竞争共存。本书研究的供应链联盟是由多个竞争与合作生产活动构成的复杂情形,需要同时考虑成本分配的分配决策与供给决策。

(4)公平与激励制衡的成本分配规则,不仅能保证供应链联盟合作阶段

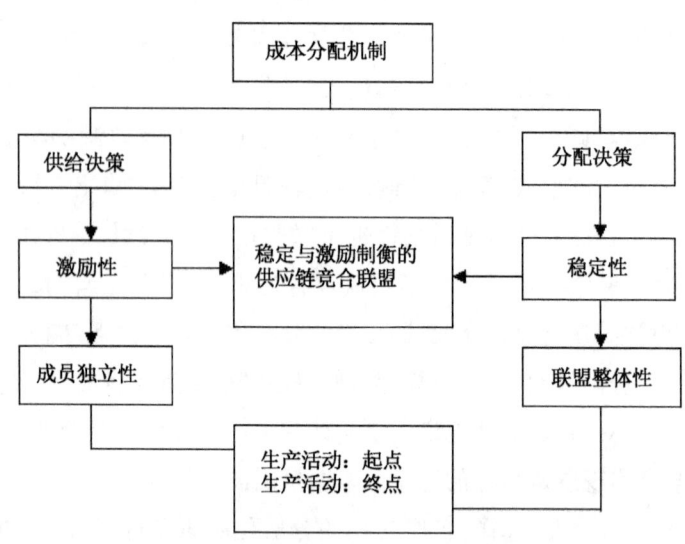

图 3-2 稳定与激励制衡的供应链联盟成本分配机制

的稳定,还将促使供应链联盟竞争阶段绩效的提高,最终实现供应链联盟稳定、高效运行。

(5) 公平与激励制衡的成本分配规则呈现"价值取向"法则,不同的供应链联盟情景中往往难以在公平与激励两个维度上都有较好的表现。"鱼与熊掌不可兼得",故在供应链联盟成本分配的实际情景中往往需要判断公平与激励中哪个是理想分配方法的主要性质,而哪个又是次要性质。而分配方法的主要与次要稳定性性质取决于具体的供应链联盟结构与功能决定的成本分配"价值导向",我们将在下一节详细阐述。

稳定与激励制衡引入 SCCA 可以优化成本分配理论与方法。对于会计领域的贡献是,传统会计学的成本分配实务性强和目标细分好,但其理论缺陷是过于静态视角,不考虑 SCCA 的稳定性和动态平衡问题;对于管理科学的贡献是,传统管理科学的成本分配计算精确,但其理论缺陷是成本分配范畴过于狭窄且目标唯一,只承认成员企业之间商业自利假设,不考虑成员企业之间政治约束性和管理多目标性等假设存在;稳定与激励制衡引入供应链联盟成本分配理论与方法,可以统一多学科成本分配内涵与外延,理顺成本分配内在机理。

第三节　博弈论中成本分配动态性思想借鉴

一、SCCA 动态稳定的价值导向

SCCA 动态稳定的价值导向是指所有供应链成员对成本分配方法动态稳定性程度的共同期望、取向与追求方向(Cao 和 Lumineau，2015)[84]。在不同的供应链联盟情景中，供应链成员具有不同的结构关系，导致他们之间施加权力的方向、程度和方式各有不相同，行为的依赖性随关系的改变而不断演变(Meehan 和 Wright，2013)[85]。而供应链联盟结构的输出过程中，联盟的功能进一步深刻改变了盟员的战略决策(Bastl 等，2013)[86]。联盟功能对联盟价值存在重要影响，也限制了不同分配方法的结果能够使不同盟员满意的最大程度，使得不同联盟情景下盟员对分配方法的动态稳定性存在差异化的诉求。因此，供应链联盟的结构与具体的联盟功能共同塑造了 SCCA 动态稳定的价值导向，其本质上是对分配方法公平性与激励性性质选择的权变策略。

供应链联盟结构和联盟功能的不同组合形成了差异化的 SCCA 动态稳定的价值导向。当垂直联盟结构与库存管理和信息共享等主要对上游企业产生联盟收益的功能进行组合时，上游企业(供应商/制造商)作为联盟的组织者，在联盟中占据绝对的主导地位且具有组建联盟的独特贡献，如果上游企业不组织或退出联盟，将导致所有联盟成员收益清零，此时任何联盟收益分配方法的激励性都是不言自明的。而下游企业(零售商)作为联盟收益转移支付的接受方，对大联盟的贡献往往在于其信息价值，且不同的下游企业之间具有一定的替代性。因此，在基于垂直形式的且对上游企业更有利的联盟功能的 SCCA 中，存在具有"支配"特征的动态稳定性价值导向，上游企业凭借联盟战略定位带来的优势地位向下游企业明示或暗示不加入大联盟将产生不利后果与损失，并对联盟收益具有较大的要求权。也就是说，对于激励盟员不偏离大联盟从而促进动态稳定的诉求较弱，而对于联盟利润分配公平(尤其是对主导的上游企业而言)促进动态稳定的诉求较强。

当横向联盟结构与产品设计与定价等对所有同级联盟企业都具有相似

影响的功能进行组合时,联盟中虽然仍存在中心企业与边缘企业的区别,但是其权力距离较近。通常在多种功能组合的供应链联盟中,中心企业往往让渡了一部分市场份额或其他形式的收益给边缘企业,但却能够提高定价、节约质量投资等收益,而边缘企业虽然得到了来自中心让渡的收益,但也必须相应地提高质量投资等。所有企业从联盟中都"有得有失",无论哪种分配方法对大联盟中的成员都是相对公平的。此外,所有边缘企业的集合形成了相当大的市场力量与较高的脱离大联盟的动机,需要通过成本分配给予响应的激励。因此,在基于横向形式且对所有联盟企业都具有相似影响的联盟功能的供应链收益分配中,存在具有"平等"特征的动态稳定性价值导向,即使存在某个联盟企业占据支配地位,也承认其他合作伙伴的平等地位,激励所有盟员凝聚、互惠与协同。也就是说,对于联盟利润分配公平促进动态稳定的诉求较弱,而对于激励盟员(尤其是对全体边缘企业而言)不偏离大联盟从而促进动态稳定的诉求较强。

当混合联盟结构与定价和采购等不同级联盟企业都有影响的功能进行组合时,若当在垂直供应链方向上制造商是绝对主导,而在横向供应链方向上规模较大的零售商是相对主导时,制造商的权力远超过整个横向价格联盟,使得联盟的整体价值较低。大联盟对很多零售商而言都不是最优的联盟结构,但比不加入或比在偏联盟外部要好。此时,组建大联盟并激励成员不偏离大联盟至关重要。若当在垂直供应链方向上没有绝对主导,而在横向供应链方向上零售商规模接近也不存在相对主导时,大联盟在多数情况下对所有零售商都是最优的,故任何分配方法对零售商不偏离大联盟的激励都很大。而每个零售商都认为自身权力较大且对联盟成功的贡献十分显著,故必须获得相应的联盟收益份额才能感知到联盟公平。因此,在基于混合联盟结构且对所有不同级联盟企业都有影响的联盟功能的供应链收益分配中,同时存在具有"支配"特征与"平等"特征的动态稳定性价值导向,支配还是平等的价值导向占优取决于垂直方向上与水平方向上的议价能力差异与功能相关的决策对联盟整体价值的制约与影响,联盟价值越高,越偏向平等的价值导向。也就是说,在垂直方向的供应链中上游制造商的权力越高,而在水平方向的供应链中最大零售商的权力越高,对于联盟利润分配公平促进动态稳定的诉求较弱,而对于激励盟员不偏离大联盟从而促进动态稳定的诉求较强;

反之,则对于激励盟员不偏离大联盟从而促进动态稳定的诉求较弱,而对于联盟利润分配公平促进动态稳定的诉求较强。

二、博弈论中成本分配动态性概述

目前,大多数学者的基本假设是参与者是短视的,因此他们采用的稳定性概念是静态的。博弈论中的稳定性概念通常是静态的,如非合作博弈中非常著名的 Nash 均衡,合作博弈中的核(Core)、联盟核(Coalition Core)、议价集(Bargaining Set)、防联盟纳什均衡(Coalition-proof Nash Equilibrium)等。上述判断联盟稳定性概念均采用的是一种"短视"和"静态"的观念,即假定没有博弈者可以通过一步偏离均衡状态后而马上获益,尽管某个博弈者的一步偏离不能使他受益,但这却有可能引发其他博弈者产生一系列的行动,从而使得联盟的结构发生根本性的变化,最终使该博弈者获得比当前更好的境况,因此"远视"的稳定性分析将更加符合现实。本书拟采用合作博弈中的一些新概念,如最大一致集(LCS)与联盟形成均衡过程(EPCF)等动态稳定性概念来分析不同成本分配机制下的联盟稳定性问题。为了克服短视的静态稳定性概念的不足之处,Chwe(1994)提出了远视参与者的动态稳定性概念[87]。

首先对 SCCA 动态稳定的内涵与外延进行界定;然后厘清成本分配动态稳定研究的对象、衡量标准、价值导向、表现和目标等基本概念要素;最后需要从方法论的角度建立统一的 SCCA 动态稳定性的分析步骤,使得 SCCA 动态稳定性检验或衡量有结构化的操作可能。

三、成本分配的动态稳定性判定

1. 最大一致集(LCS)的理论

最大一致集(Largest Consistent Set,LCS)的理论是由 Chwe 于 1994 年提出的[87],主要解决了"远视"和"非空"两方面的问题,体现博弈者如下的动态思想:为达到最终对自己更有利的局面,博弈者可能会牺牲眼前的利益。因为仅从一步行动后的结果看,背离现有的联盟结构对博弈者可能不利,但这也会给其他博弈者带来损失,促使其他博弈者进一步行动,进而引发整个博弈联盟结构的一系列变动。当最终的变动结果不再使参与背离行动的所有博弈者的处境有任何改善时(从长远的角度来看亦是如此),联盟达到稳定状态,则这些可能的最终联盟结构便构成最大一致集(LCS)。尽管LCS联盟结构的动态改变影响联盟稳定性,但LCS只是联盟处于稳定结构的必要条件。Chwe(1994)证明了合作博弈中LCS的存在性、唯一性和非空性,但同时也指出LCS一个较大的缺点是解的集合过大,无法判断LCS中哪种结果是最可能的[90]。对此,Mauleon和Vannetelbosch(2004)提出最大谨慎一致集(Largest Cautious Consistent Set,LCCS)来解决上述问题[88],即LCCS是LCS的一种精炼。

用$<_i$表示第i个博弈者的偏好关系,如果对于两个联盟结构L_1与L_2,有$L_1<_iL_2 \Leftrightarrow u_i^{L_1}<u_i^{L_2}$,此处$u_i^{L_1}$,$u_i^{L_2}$为博弈者$i$在联盟结构$L_1$,$L_2$中的收益。用$\rightarrow_s$表示子联盟$S$的可行关系,给定联盟$S$,$L_2$可以由$S$从$L_1$通过一步叛逃得到,记为$L_1\rightarrow_sL_2$。

定义3.1 对于一个博弈者的子集S,如果$L_1<_iL_2$,$\forall i\in S$,则记为$L_1<_sL_2$。如S中的所有博弈者离开后联盟结构从L_1变成L_2,则记为$L_1\rightarrow_sL_2$。如存在S,使得$L_1<_sL_2$且$L_1\rightarrow_sL_2$,则称联盟结构L_1被L_2直接占优(Directly Dominated),记为$L_1<L_2$。

定义3.2 如果存在L_1,L_2,…,L_m和S_1,S_2,…,S_m,使得对于所有的$i=1,2,3,…,m-1$而言,$L_i\rightarrow_{i+1}L_2$且$L_i<_sL_{i+1}$,则称联盟结构L_1被联盟结构L_m间接占优(Indirectly Dominated),记为$L_1\ll L_m$。

定义3.3 最大一致集(Largest Consistent Set,LCS)。一个由联盟结构构成的集合Y被称为一致的(Consistent)当且仅当对于所有的$L\in Y$和S,当$V\in F_S(L)$(或表示为$L\rightarrow_sV$)时,存在联盟结构$B\in Y$满足$V=B$或$V\ll B$且$L\not<_sB$。

2. 联盟形成均衡过程(EPCF)

在上述博弈者偏离现状的行动过程中,时间价值未被考虑,即经过若干步行动后,博弈者的最终处境可能较现在有所改善,但将来有所改善的收益的现值未必比当前的收益大,因此是否进行偏离是值得慎重考虑的。对此,Konishi和Ray(2003)提出了联盟形成均衡过程(Equilibrium Process of Coalition Formation,EPCF)进行分析[89]。他们指出:如果联盟停留在当前某个LCS中状态的效用大于经过若干步偏离现有联盟结构后所得效用的净现值,那么这个 LCS 中的当前状态便是各种联盟结构中最稳定的,称为联盟形成均衡过程(EPCF)。

定义 3.4 一个联盟形成过程(A Process of Coalition Formation, PCF)是一个转移概率 $\varphi: G\times G\to[0,1]$,满足 $\sum_{V\in G}\varphi(L,V)=1$, $\forall L\in G$。如果 $\varphi(L,V)\in\{0,1\}$, $\forall Z,V$,则这个联盟形成过程(PCF)称为确定性的联盟形成过程。

定义 3.5 一个从联盟结构 Z 中分离出 S 的行动是一次有利行动,当且仅当存在 $V\in F_S(Z)$, $V\neq Z$ 且 $v_i(V,\varphi)\geqslant v_i(Z,\varphi)$, $\forall i\in S$,其中 $F_S(Z)$ 表示从 Z 中一部分离出 S 后所生成的所有的联盟结构的集合,v_i 是一个满足以下方程的关于博弈者 i 的值函数(u_i^Z 为博弈者 i 在联盟结构 Z 中的收益,δ_i 为贴现率)。

$$v_i(Z,\varphi)=u_i^Z+\delta_i\sum_{V\subset G}\varphi(Z,V)v_i(V,\varphi)$$

定义 3.6 对于博弈者集合 S 而言行动 V 是有效的,当且仅当不存在其他的行动 Q 满足 $v_i(Q,\varphi)>v_i(V,\varphi)$, $\forall i\in S$。

定义 3.7 一个联盟形成过程(PCF)是一个联盟形成均衡过程(EPCF),当且仅当满足下列条件:

(1) 对于任意 $\varphi(Z,V)>0$ 和 $V\neq Z$,存在 S,使得从联盟结构 Z 中分离出 S 的行动 V 是有利的且是有效的行动。

(2) 如果存在一个从 Z 出发严格有利的行动,则 $\varphi(Z,Z)=0$;如果存在一个严格有利且有效的行动 V,则 $\varphi(Z,V)>0$。

Konishi 和 Ray 证明对于确定性联盟形成过程而言,EPCF 是 LCS 的子集,且可以看成是对 LCS 的一种精炼,用于判断 LCS 中哪一种结果是最稳定的,最可能的[92]。

四、SCCA 动态稳定性的分析步骤

以往对于供应链成本分配、分配方法性质分析与联盟结构动态稳定性分析的工具分散在合作博弈中的成本博弈、公理化分析与联盟形成博弈中。供应链联盟不同的要素、结构与功能导致的不同博弈决策是合作成本博弈的输入,而合作分配博弈的解是联盟生成博弈重要的输入要素之一,而分配方法

公理化分析的结果是进行动态稳定分配方法选择的重要标准。SCCA 动态稳定研究的框架亟待统一。此外,SCCA 的方法繁多,可能同时存在多种分配方法都能够实现大联盟结构动态稳定,那么在不同的供应链联盟情景下应该如何进行动态稳定的分配方法的选择?本小节整合决策博弈、成本博弈、公理化分析与联盟形成博弈四种方法论,构建 SCCA 动态稳定的分析步骤,见表 3-1。

表 3-1 SCCA 动态稳定的分析步骤

步骤	分析内容
第一步	根据联盟的要素、结构和功能构建供应链联盟/非联盟的合作或非合作博弈模型,计算不同联盟结构下个体或联盟的决策与收益
第二步	根据盟员分散决策、偏联盟结构决策和大联盟结构决策下的收益构建合作成本博弈,计算不同分配方法下个体在不同联盟结构中获得的联盟收益
第三步	根据第二步获得不同分配方法下的联盟收益,分别对不同的分配方法构建联盟形成博弈,计算在不同分配方法下哪种联盟结构在最大一致集中(通常我们认为大联盟是最理想的供应链联盟结构,一般着重关系大联盟在 LCS 中的情形)
第四步	如果存在多种分配方法都使大联盟在 LCS 中,首先需要根据供应链联盟的要素、结构和功能构成对理想分配方法的价值导向,即对分配方法公平与激励性质的侧重
第五步	进一步利用本书构建的公理化成本分配方法动态稳定检验体系(详见第四章)从定性和定理两个角度对分配方法的公理化性质进行评价
第六步	"按图索骥",根据理想分配方法的价值导向结合不同分配方法的公平与激励特征进行动态稳定分配方法的选择

第四节 供应链成本分配动态稳定性的"四维结构"

一、SCCA 动态稳定性的"四维结构"的概述

目前学术界对于 SCCA 的动态稳定性研究尚处在初级阶段,所涉及的文献大多集中在利用采用最大一致集、最大谨慎一致集和联盟形成均衡过程等博弈动态稳定判定条件来检验 SCCA 的最后结果是否符合动态稳定性要求。

对于动态稳定性的理论基础、基本假设、稳定条件、核心动力等均未进行深入而系统性的研究,散见于供应链研究的各个方面,关于 SCCA 方法的应用研究较多,而对分配结果动态稳定性的研究较少;从博弈论角度出发研究动态稳定性判定方法的理论研究较多,而对动态稳定在供应链中的应用与影响研究较少;对于同质环境下的 SCCA 问题研究较多,而对异质环境下 SCCA 的方法与动态稳定机理与动因研究较少,缺乏一个统一的研究框架。因此本节将在前人研究的基础上,构建 SCCA 动态稳定性的"四维结构理论",并以此作为后续章节的引领。

那么 SCCA 的动态稳定性结构应该如何呢？下面我们将从"核心动力—约束标准—环境标准—输出功能"四个维度来构建其动态稳定性结构,试图表达其内涵、外延和动态性(如图 3-3 所示)。

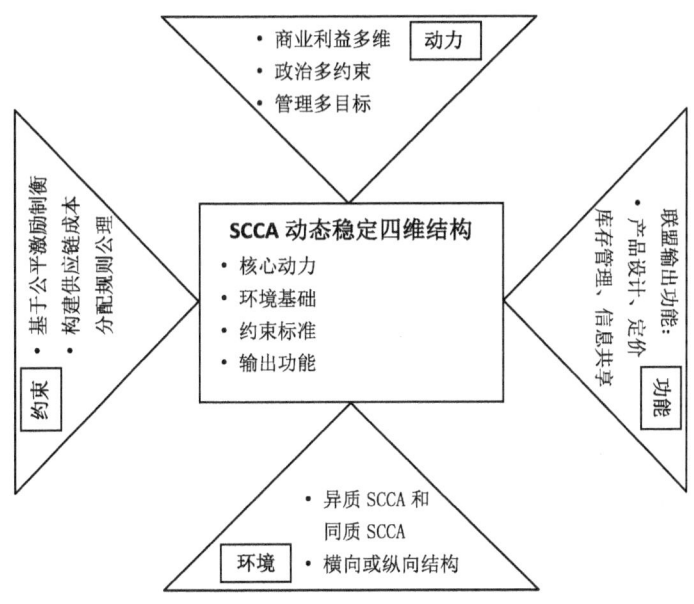

图 3-3　SCCA 动态稳定性的"四维结构"理论

二、核心动力和约束标准

1. 核心动力：三种共同作用的驱动力

SCCA 所需达到的目标是多维的,其稳定性受三种力量共同作用：(1)第一驱动力：基本力量——商业的趋利性。供应链中的成员企业是以"有限理性"经济人的形态而存在，并以获得最大利益为目的进行合作和竞争。(2)第二驱动力：派生力量——管理的多目标性。不同管理目标所需的成本信息形式十分繁杂，这不仅使得各管理目标下成本归集的范围和对象有所不同，而且所采用的分配基础和标准也不尽相同。(3)第三驱动力：约束力量——政治的多维性。在首要目标与派生目标执行过程中，隐含着公理体系检验与会计准则约束两层力量的约束。在 SCCA 中，不同的联盟成员对于合作时间长短、竞合关系以及收益组成有着不同的偏好，这些偏好对于 SCCA 的动态稳定性具有至关重要的影响。

三种动力影响分配的最直接表现就是 SCCA 的一个动力博弈过程。商业趋利性动力下，自身利益最大化诉求下的供应链成员企业之间不断博弈与讨价还价，重新建立利益均衡的过程中，每一个成员企业都极尽可能地在利益分配中争取话语权并占据优势地位，反映出驱动力量的自利性、动态性特征。管理多目标性动力下，管理决策、绩效权衡、计算成本以及内部控制的管理多目标性，要求提供灵活多样的 SCCA 信息。政治多维性动力下，从契约公理体系检验以及会计准则约束视角，表明 SCCA 的目标及其过程，同时也是受多方利益集团通过政治手段不断博弈均衡的结果。

2. 约束标准：SCCA 动态稳定公理标准

供应链成员选择何种分配条件是分配结果是否静态或动态稳定的先决条件，是 SCCA 动态稳定性在操作层面的约束。供应链联盟的组建和运行之初，成员企业共同设计一个彼此都认可的合理的成本分配方案就已经决定了联盟分配结果的稳定性情况。若仅形成短期联盟，仅需注重短期利益，选择较为简单的分配方法即能实现静态稳定。而若形成长期战略联盟，需注重长期利益，分配方法如不能兼顾公平与效率，必然导致联盟破裂，往往需根据需求选择较为复杂的分配方法。后文我们会讨论，让联盟实现短视或长视最优的成本分配方法，取决于供应链联盟的不同结构、功能要求等迭代后表现"价值导向"、联盟形成长短期目标偏好和公平性激励性制衡等因素影响。因此，需要构建 SCCA 动态稳定公理标准来衡量和构建 SCCA 动态稳定的分析程序作为保障。

三、环境基础和输出功能

1. 环境基础：同质与异质、横向与纵向结构

供应链环境基础包括项目环境基础与成员环境基础。项目环境，即待分配项目是同质还是异质。同质成本分配主要针对同质投入且同质产出的项目，要求一个成本集合中所有活动成本与其成本动因之间具有相同或类似的因果关系或受益关系。而异质成本分配主要针对同质投入且异质产出的项目，要求一个成本集合中所有活动成本与其成本动因之间具有不同的因果关系或受益关系。同质分配下成本动因与成本活动较为明晰，各供应链成员间收益或成本分配较均匀，易实现静态或动态稳定，而异质分配下成本因果复杂，各供应链成员间收益或成本分配需兼顾公平与效率的约束，更难实现稳定。

成员环境基础，即供应链组织结构是横向还是纵向，这两种供应链联盟内成员企业的竞争与合作环境各有侧重。横向供应链中的各个成员企业均处于同一行业或领域中，比如研发联盟、零售商联盟、库存转运联盟等等，它们在供应链中处于同一层级。而纵向供应链一般由处于不同行业的企业组成，比如由供应商、经销商以及零售商组成的三级供应链结构，各个成员企业在纵向供应链中处于不同的层级上。正是这两种供应链的不同组织结构，使得其成员企业在进行成本分配决策时面临不同的基础环境。横向供应链联盟因其成员企业都处于同一行业或领域，具有相近的企业性质，生产类似的产品，因而彼此之间除了有合作之外，竞争也是不容忽视的一个因素，这使得供应链联盟内部呈现出竞争与合作共存的基础环境。因此在对横向供应链联盟进行成本分配时要充分考虑其同质性和竞合性特征。而纵向供应链因其成员企业分别处于不同的行业或领域，企业性质相差较大，所提供的最终产品也各不相同，甚至有的是产品，有的是服务，这使得供应链联盟内部的合作环境更加浓厚。因此在对纵向供应链联盟进行成本分配时要充分考虑其异质性和协调性特征。总而言之，横向和纵向供应链联盟中不同的基础环境会导致成员企业的成本分配决策表现出不同的特征，进而影响供应链联盟的动态稳定性。

2. 输出功能：联盟系统的输出功能

供应链联盟的输出功能是联盟这个系统与环境在相互作用中所表现出

的能力,即系统对外部表现出的作用、效用、效能或目的,表现为产品设计、库存管理、定价、信息共享等诸多功能。产品设计是既利用差异化的设计隔离竞争对手获得卓越绩效,又协整盟员的差异化策略降低联盟内的产品竞争。因此,产品设计是对供应链联盟成本影响最大的系统功能;库存管理是供应链联盟最早出现的实现联盟价值增值的功能,其本质上是盟员联合计划、组织和控制库存的持续过程;定价作为供应链联盟系统的末位功能常常与其他功能联合作用,不仅能够控制产品竞争,优化产品定位结构,还能提高零售商整体议价能力,从而提高供应链联盟效率;信息共享是供应链联盟系统中集成不同阶段的核心功能之一。信息联盟链主设计合理的成本分配方法,使得联盟成员参与信息共享,在信息联盟链主进行转移支付时,才能保证信息共享功能及联盟的正常运行。如果说供应链联盟同质与异质、横向与纵向表达了联盟系统的静态结构,那么,供应链联盟的产品设计、库存管理、定价、信息共享等输出功能,则表达了联盟系统与外部环境能量的不断交换,也是供应链联盟动态稳定的一种"动态"表现形式。

第五节　本章小结

本章在对供应链成本管理和分配相关理论评述基础上,发现SCCA静态视角下的"理论缺陷",为了找出三个领域的成本分配的共同逻辑框架,本书试图提出SCCA的动态稳定性理论。本章首先指出会计学领域SCCA理念和方法所存在的不足,进而引入SCCA的动态稳定性概念,采用博弈方法对SCCA稳定与激励相制衡的动态结构进行分析。最终构建SCCA动态稳定性的"四维结构"理论以及SCCA"价值取向"和分析程序,从"核心动力—约束标准—环境标准—输出功能"四个角度来刻画SCCA动态稳定性的研究框架。本章得出以下结论:

(1)成本会计领域所采用的SCCA方法属于基于平均思想的一次性分摊法,这是一种最经济、数学表达非常简单且便于执行的经验主义方法,其分配比例可以是预算机器工时比重、预算人工工时比重,也可以是提供服务的比重或者其他成本动因,其实质是假设规模收益不变(Constant Returns to

Scale)以及同质性成本分配环境下需求和供给的可加性假设。这充分体现了成本分配的公平性,同时,伴随着生产性服务业的崛起,供应链成本环境中资源的差异性越来越大,同质环境中的需求和供给的可加性假设在异质环境中并不满足,因此基于平均思想的一次性分摊法难以适用。会计学领域对于 SCCA 稳定性的研究多集中于管理控制方法,而对于成本分配契约究竟如何影响供应链联盟的稳定性方面研究甚少。

(2) 关于博弈论中 SCCA 的动态稳定性研究。管理科学领域通常分为供给决策和分配决策两个方面,主要采用的是博弈论思想和经验主义思想。关于供应链联盟动态稳定性的研究,博弈论中涉及的稳定性概念通常包括在非合作博弈中常用的纳什均衡,以及在合作博弈框架下的核心论、核仁法、联盟核、稳定集、议价集等等。以上稳定性概念均假设没有博弈者可以通过一步偏离均衡状态后而马上获益,且偏离发生之后其他博弈者的策略选择均保持不变,因此是一种短视(Myopic)和静态(Static)的观念。然而尽管某个博弈者的一步偏离不能使其受益,但这却有可能引发其他博弈者产生一系列的行动,从而使得联盟的结构发生根本性的变化,最终使该博弈者获得比当前更好的境况,因此对于稳定性状态的动态扩展研究包括 Shapley-Shubik 值法、最大一致集和联盟形成均衡过程。动态稳定性充分考虑了博弈者对策略的反应,最终使联盟达到动态稳定的理想状态,这一思想值得借鉴。

(3) 提出 SCCA 动态稳定性"四维结构"理论。从"核心动力—约束标准—环境标准—输出功能"四个维度来构建 SCCA 动态稳定性结构,试图表达其内涵、外延和动态性。第一,SCCA 所需达到的目标是多维的,其稳定性受商业的趋利性、管理的多目标性和政治的多维性三种力量共同作用。第二,供应链成员选择何种分配条件是分配结果是否静态或动态稳定的先决条件,是 SCCA 动态稳定性在操作层面的约束。因此,需要构建 SCCA 动态稳定公理标准来衡量和构建 SCCA 动态稳定的分析程序作为保障。第三,供应链环境基础包括项目环境基础与成员环境基础。项目环境即待分配项目是同质还是异质,成员环境即横向和纵向供应链联盟。不同的基础环境会导致成员企业的成本分配决策表现出不同的特征,进而影响供应链联盟的动态稳定性。第四,供应链联盟的输出功能是联盟这个系统与环境在相互作用中所表现出的能力,即系统对外部表现出的作用、效用、效能或目的,表现为产品设计、库存管理、定价、信息共享等诸多功能。输出功能表达了联盟系统与外部环境能量的不断交换，也是供应链联盟动态稳定的一种"动态"表现形式。我们将在第五章、第六章和第七章从不同角度对此理论细化论证。

（4）提出成本分配"价值取向"法则和 SCCA 动态稳定的分析程序。分配方法的主要与次要稳定性性质取决于具体的供应链联盟结构与功能决定的成本分配"价值导向"，供应链联盟成本分配的实际情景中往往需要判断公平与激励中哪个是理想分配方法的主要性质，而哪个又是次要性质。因此，公平与激励制衡的成本分配规则呈现"价值取向"法则。另外，本章也提出 SCCA 动态稳定检验的分析程序，使得 SCCA 动态稳定性检验具有可操作性。详细探讨，我们将在第四章成本公理与稳定性公理中再作进一步分析。

第四章 成本公理与稳定性公理

本章是 SCCA 动态稳定性研究的核心章节之二。本章首先通过梳理公理化成本分配自 1953 年由 Shapley 首次提出至今近 70 年的研究成果,探究了"三级式"的公理框架的缺陷,并提出了价值(目标)导向式的成本分配公理化分析新框架。其次,以合作博弈作为桥梁,探寻合作成本分配博弈与合作联盟生成博弈中解的概念的异同,并解析成本公理与联盟动态稳定的相关性。基于此,提出分配方法动态稳定性程度的检验体系,为供应链联盟分配方法选择提供依据。

第一节 成本公理的概念和演进过程

一、成本公理的概念与作用

成本公理是致力于提供有关成本分配规则特性的一套标准和基本方法,它不是针对某种特定的分配机制,而是基于分配机制所体现的公平性准则。成本公理准则研究不是从某种理论或具体方法出发研究分配问题,而是基于分配规则应满足的性质,去寻找适用于各类分配问题的具体规则。简而言之,成本分配公理就是为成本承担者之间的间接成本分配确定一套标准规则,在此基础上,研究各类分配问题具体规则的个性化变异。

公理化方法非常的卓有成效,它采用规范的数学结构公理去表征和比较各种成本分配方法。Peter Sudhölter (1997)[90]曾经具体描述了部分公理性质的数学表示,如帕累托最优性、递阶性、可分性、等价问题等价处理、虚设性、匿名性、单调性、可加性,其他学者也相继拓展提出其他分配公理,如成本规模不变性、对称性、上限性、下限性等等，他们运用这些数学公理研究了各类成本分配方法的特性。公理化研究方法使分配规则的特征得以显性化，便于比较各种分配规则的优劣。进一步的，公理化的研究方法可以根据不同分配问题的内在特征与不同的管理目标（公平、激励、稳定）寻找恰当的分配规则。因此，在各种分配问题的研究中，公理化方法得到了较为广泛的应用。

成本分配规则的公理特性为研究成本分配公理体系提供了行之有效的视角。围绕成本分配的公理特性，归纳出成本分配公理体系的三个层次，SCCA 规则应满足的准则包括三类：

（1）基本公理，一般具有强制性，反映成本分配公平性的基本要求；

（2）一般公理，强制性相对较弱，从成本分配公平性的某一侧面对成本分配规则提出要求，并且与成本函数的密切变化相关；

（3）特殊公理，这类准则是在解决成本分配中某些特殊分配问题时，其分配方法应满足的规则。

二、成本公理的演进过程

公理化方法起源于古希腊，发展于近代数学研究。关于成本公理最早的论述见于亚里士多德于公元前 350 年所著的《尼各马可伦理学》(*Nicomachean Ethics*)一书中。"平等的人应被平等对待，而不平等的人应根据其相似性和差异性按比例不平等对待"，反映了对分配公平的要求。在此基础上衍生出了第一个分配公理——"等价问题等价对待(Equal Treatment of Equal)"。

近代数学中的公理化方法，就是从拟研究的理论背景中提取一些基本概念和命题，作为最原始的公理，然后按照逻辑规则演绎出一系列其他相关的概念和命题，进而形成科学理论的演绎系统，也称公理系统为公理体系。公理化方法是人类认识和改造客观世界的方法论。公理化方法的基本框架是：给出不定义概念，给出相应的公理集或公理系统，从不定义概念出发，由公理所规定的性质导出公理的推论。

近代以来，受合作博弈理论的启发，Shapley(1953)开创性地发起了对公理化成本分配的研究。自此，大量文献利用几个简单的合作成本分配博弈模型不断探索新的成本分配问题，设计新的成本分配方法，并拓展了成本公理的边界。以 Shapley 为代表的学者将成本分配公理定义为常识和逻辑支持的分配公平的一般原则。成本分配的公理化研究,一方面是用尽可能多的公理来描述分配方法的各方面性质,另一方面是用少数公理组合对分配方法进行特征化的唯一标识。

随着成本分配的公理化研究的深入,分配对象从同质到异质,从离散到连续的不断发展,及新分配方法的不断演变,以 Young 为代表的学者提出成本分配的公理化研究是形成关于成本分配的"理想"性质与准则,以便于对不同分配方法的比较与选择。自此,形成了"三级式"的公理化研究框架,公理按照是否必须满足被划分为基本公理(所有成本分配方法均满足)、一般公理(部分满足)与特殊公理(个别满足)。

第二节 "三级式"成本公理的组成

一、基本公理性质

基本公理性质是成本分配的基本准则,一般具有强制性,反映 SCCA 公平性的基本要求。这类约束准则表明成本分配的基本可行底线,只有满足基本公理性质的方法在成本分配中才有进一步分析的必要;从另一角度而言,这类基本公理性质也是强制性约束条件,具有最强的约束性。基本公理性质包括非负性、有效性、虚设性、等价问题等价处理、递阶性等(如表 4-1 所示)。

表 4-1 基本公理性质

准则名称	数学描述	解释与说明
有效性	$\sum_{i=1}^{n} x_i = C\left[\sum_{i=1}^{n} q_i\right]$	表明分配总额应等于供应链总成本,也被视为 SCCA 的预算平衡等式,具有最高强制性
非负性	$x_i(q, C) \geqslant 0$	是所有 SCCA 方法必须满足的性质之一
局中人无效性	若 $q_i = 0$,则 $x_i(q, C) = 0$	表明当供应链成员企业不需要任何产出时,他同样不应负担任何成本

(续表)

准则名称	数学描述	解释与说明
等价问题等价处理	若 $q_i = q_j$，则 $x_i(q,C) = x_j(q,C)$	如果所有供应链成员企业对技术有同等权利，成本分配额仅依赖于需求大小，而与供应链成员企业的身份无关，也可称为亚里士多德公理
递阶性	若 $q_i \leqslant q_j$，则 $x_i(q,C) \leqslant x_j(q,C)$	这一公理有时也被称为无优势性，它说明供应链成员企业的需求越大，其成本份额也应越大

备注：$SC \in \Gamma(1,1)$，$x_i(q,C)$ 为供应链中第 i 个企业在成本分配规则 X 下的成本份额，q_i 表示第 i 个企业的非负需求量。

二、一般成本公理性质

这类公理性质纯粹从数学结构角度表述成本分配的约束规则，换句话说，如果成本分配的计算方式发生改变，那么与之相对应的成本分配结果保持不变，只有满足这种结构不变性数学特性的成本分配方法方可称为满足成本分配的必要条件，如可加性、可分性、对称性、投入规模不变性、产出规模不变性、需求单调性、上限性、下限性等皆为成本分配的一般公理性质（具体如表 4-2 所示）。

表 4-2 一般成本公理性质

准则名称	数学描述	解释与说明
需求单调性	当 q_i 增加为 q_i' 时，$x_i(q',C) > x_i(q,C)$	说明分配额 $x_i(q,C)$ 应是需求 q_i 的不减函数，它在投入贡献和产出份额之间体现一个正确的关系
可分性	对任意 $\lambda \geqslant 0$，若 $C(q) = \lambda q$，则 $x_i(q,C) = \lambda q_i$	如果成本函数是可分的，则成本分配额也应是可分的
投入规模不变性	对于任意 $\lambda \geqslant 0$，有 $x_i(q,\lambda C) = \lambda x_i(q,C)$	当投入 C 的度量单位发生变化时，成本分配额的度量单位会发生同样的变化，不应对成本分配的结果发生本质影响
产出规模不变性	对于任意 $\lambda \geqslant 0$，设 $\widetilde{C}(q) = C\left(\dfrac{q}{\lambda}\right)$，则 $x_i(\lambda q, \widetilde{C}) = x_i(q, C)$	当产出 q 的度量单位变化时，对成本分配结果应无任何影响

(续表)

准则名称	数学描述	解释与说明
上限性	$x_i(q, C) \leqslant C(nq_i)$	当成本函数为凸函数时,上限性使得低需求的供应链企业不必为其他高需求供应链企业带来的高边际成本负责
下限性	$x_i(q, C) \geqslant \dfrac{1}{n} C(q_i)$	当成本函数为凸函数时,边际成本上升,下限性实际上是为需求较高的供应链企业规定了其至少应负担的成本份额
可加性	$x(q, C_1 + C_2) = x(q, C_1) + x(q, C_2)$	对成本函数的分散组份分别计算成本份额,与对总成本函数计算成本份额的结论相同
成本函数单调性	若对于任意需求向量 q,有 $C_1(q) \geqslant C_2(q)$,则 $x_i(q, C_1) \geqslant x_i(q, C_2)$	当生产技术进步使成本降低时,每一供应链企业都会从技术进步中获得好处

备注: $C \in \Gamma(1, 1)$,$x_i(q, C)$ 为供应链中第 i 个企业在成本分配规则 X 下的成本份额,q_i 表示第 i 企业的非负需求量。

三、特殊成本公理性质

这类公理性质描述解决某些特殊分配问题时的分配方法应满足的公理性质,成本分配特殊公理性质具体包括:需求可控性、一致性、免费午餐。特殊公理性质体现了具有道德意义的公平公正成本分配的约束条件,是为了满足某些成员企业特殊目的的成本分配,在三种公理性质中,特殊公理性质的强制性最弱(具体如表 4-3 所示)。

表 4-3 特殊成本公理性质

准则名称	数学描述	解释与说明
需求可控性	任取 $i, j \in N$,对 i, j 的需求 q_i,q_j 进行重新组合,使 $q'_i + q'_j = q_i + q_j$,则应有 $x_i(q', C) + x_j(q', C) = x_i(q, C) + x_j(q, C)$	供应链成员企业之间不能通过合并或分散其需求来降低各自的成本份额
一致性	$x_i(q, C) = x_i(q_{N\setminus i}, C_{N\setminus i})$ 其中:$C_{N\setminus i}(q_{N\setminus i}) = C(q) - x_i$	如果 i 之外的供应链成员企业集合 $N\setminus i$ 根据相同的规则对剩余成本 $[C(q) - x_i]$ 进行再分配,则在需求不变的前提下,每个供应链成员企业的分配额也应不变

(续表)

准则名称	数学描述	解释与说明
免费午餐	若对于供应链企业 $i \in N$，有 $C(nq_i) = 0$，则 $x_i(q, C) = 0$，且 $x_j(q, C) = x_j(q \backslash i, C)$，$j \neq i$	当生产在某一需求水平 q^* 以下完全是免费的，且所有供应链企业对技术拥有相同权利时，每一供应链企业应有权利免费享受 q^*/n 的免费货物。而且如果一个供应链企业 i 的需求 $q_i \leqslant q^*/n$，则该供应链企业 i 不需负担任何成本

备注：$C \in \Gamma(1,1)$，$x_i(q, C)$ 为供应链中第 i 个企业在成本分配规则 X 下的成本份额，q_i 表示第 i 个企业的非负需求量。

四、同质与异质成本分配满足公理的要求

一般理解，传统的成本分配的环境是同质的，即默认联盟成员的企业性质都是相同的，企业从事的业务活动性质也是相近的，在成本分配时遵循同质成本分配方法。同质成本分配方法主要包括平均成本定价法、边际成本定价法以及序列成本定价法，这些方法本身具有无可比拟的优越性，因其依据相同（或类似）的因果关系（或受益关系），使得成本分配信息更为精确。表 4-4 列出了上述三种同质成本分配方法满足公理的情况。

表 4-4 同质成本分配方法对公理性质的满足情况

分配方法	基本公理性质					特殊公理性质		
	有效性	非负性	虚设性	匿名性	递阶性	一致性	需求可控性	免费午餐
平均成本定价法	√	√	√	√	√	√	√	√
边际成本定价法	√	×	×	√	√	√	√	×
序列成本定价法	√	√	√	√	×	×	√	√

分配方法	一般公理性质							
	可加性	可分性	对称性	上限性	下限性	需求单调性	投入规模不变性	产出规模不变性
平均成本定价法	√	√	√	×	×	√	√	√
边际成本定价法	√	√	√	×	×	√	√	√
序列成本定价法	√	√	√	√	√	√	√	√

注：√表示满足，×表示不满足。

采用同质成本分配方法存在着局限性,需要拓展到异质成本分配领域范围来解决。典型的异质成本分配方法有不可分成本的平均分摊解(Equal Allocation of Nonseparable Costs,EANS)方法、Aumann-Shapley 值法和 Shapley-Shubik 值法等。异质成本分配方法实质上既适用于异质模型,又适用于同质模型,同质方法可视为异质方法的特例。表 4-5 列出了上述三种异质成本分配方法满足公理的情况。

表 4-5 异质成本分配方法对公理性质的满足情况

分配方法	基本公理性质					特殊公理性质		
	有效性	非负性	虚设性	匿名性	递阶性	一致性	比例性	序列性
EANS法	√	×	×	√	√	√	×	×
S-S法	√	√	√	√	√	×	×	×
A-S法	√	√	√	√	√	×	√	×

分配方法	一般公理性质							
	可加性	可分性	对称性	上限性	下限性	需求单调性	投入规模不变性	产出规模不变性
EANS法	√	√	√	×	×	√	√	√
S-S法	√	√	√	×	√	√		√
A-S法	√	√	√	×	√	×	√	√

注:√表示满足,×表示不满足。

第三节 成本公理体系的再认识

一、"三级式"的公理框架的局限

把成本公理体系勾画成基本公理、一般公理与特殊公理的"三级式"框架,形式很逻辑化,但实际运用起来存在内在逻辑矛盾局限性。公理的"三级式"框架形成成本分配的"理想"性质与准则:基本公理为所有成本分配方法必须满足的强制性规则;一般公理为强制性相对较弱的分配规则,可能部分成本分配方法可以满足的规则;而特殊公理为解决某些特殊分配问题时需要满足的公理性质。但是实际运用起来不是如此。

成本分配公理框架由三个维度的分配性质组成，即以等价问题等价处理、排序性、匿名性为代表的纯公正性公平公理，以需求函数单调性、成本函数单调性为代表的带有一定激励性的公平公理，及以结构不变性、序数性、分配性等为代表的结构不变性相关公理。然而，解决实际成本分配问题不仅要将成本与需求数学化，更要转化相关的分配"制度约束"及其对分配方法选择的"价值导向"。首先，成本分配的单位或载体是什么，这关乎到在成本分配中"谁"应该被平等对待。其次，实际问题涉及可用分配信息有多少，不同活动的成本是否可获得，需求水平是否能够作为分配标准。再次，在给定制度约束下的成本分配的目标与价值导向是什么，有效、公平及激励被赋予不同的意义。最合适的分配方法的选择取决于具体的应用情景、被分配对象及可用的相关信息。

二、新公理体系的重塑

我们认为以分配实践为导向的成本分配公理框架的重塑应该根据公理的目的及用途进行分类，并根据强弱进行排序，为分配方法的选择提供标尺，而对于分配方法的选择应该多目标并重。具体而言，选择方法是以分析具体分配问题的特殊制度约束为基础，厘清理想成本分配方法应具有的"理想"结构性性质（如成本函数、参与人数量），及对于有效性、激励性、预算平衡与公平性等分配目标的价值导向，优先满足最重要目标下的"强"公理性质，而对于其余目标则放松原有较强的公理要求，满足"弱"公理性质即可，以尽可能小的偏差满足全部要求。

表 4-6　新成本公理体系的重塑

公理特征	公理的偏序关系
结构性	线性＞可加性
	朴素性＞序数性＞规模不变性（异质）＞＝规模调整（同质）＞连续性
公平性	匿名性＞等价问题等价对待＞对称性＞协方性
	一致性＞排序性＞独立性＞虚拟参与人
激励性	整体单调性＞参与人数量单调性公理
	需求函数单调性＞名义单调性

第四节 公理与成本分配动态稳定

一、公理中动态稳定性表现

成本分配的公平性与激励性也是密不可分的。美国行为科学家 J. S. Adams 提出公平理论是过程型激励理论的一个重要组成部分,侧重于研究工资报酬分配的合理性、公平性及其对职工生产积极性的影响。J. S. Adams(1967)指出,人们的工作积极性不仅与个人实际报酬多少有关,而且与人们对报酬的分配是否感到公平更为密切。因此公平感不仅会直接影响到人们对于工作的满意程度、工作热情和态度,还会对人们产生激励作用。对于供应链上的各个成员企业来讲也是一样,供应链共摊成本的分配是否公平会直接影响到成员企业对于合作的态度。若它们感到不公则会倾向于离开合作联盟,从而导致供应链联盟的不稳定,甚至瓦解。较高的公平性能够促使供应链上成员企业更加积极努力地投入各自工作和彼此合作之中去。由此可知,公平和激励是两个彼此联系紧密、对立统一的概念。二者之间相互作用、相辅相成,共同推动 SCCA 动态稳定性的实现。因此,一个相对公平的成本分配方案能够提升成员企业的满意程度,激发其对于供应链合作的积极性,进而有效提升供应链的动态稳定性。而成本分配的公理化研究正是着眼于这一点,这为研究 SCCA 的动态稳定性提供了行之有效的视角。

成本分配公理与联盟动态稳定存在几个方面的联系:

(1) 从合作博弈理论的角度出发,联盟生成博弈是在给定分配方法下判断联盟结构是否(动态)稳定,而成本分配公理化分析是对分配方法的性质加以界定,对分配方法的剔除施加一定的限制。一方面,成本公理体系中与联盟中成员数量变化相关的公理蕴含动态稳定的基本思想,如一致性、整体单调性、参与人数量单调性公理等。而联盟动态稳定要求分配方法具有较高的公平性与激励性,这是成本公理的核心概念。另一方面,联盟生成博弈不对分配方案的优劣进行评价,而分配方案的选择却对联盟结构的动态稳定存在显著影响。因此,要结合联盟动态稳定分析与成本分配公理化分析才能实现动态稳定的分配方法选择。

(2) 从量化联盟稳定性的角度出发,不同联盟结构值的计算方法从不同的侧重角度对盟员权力进行量化,也反映了不同分配方法的公平与激励的性质特征,这与公理化分析的目的异曲同工。此外,联盟结构的值的计算方法从本质上看也是一种分配方法,即按在联盟中的权力大小给盟员分配一个值。尤其是 Shapley-Shubik 权力指数是 Shapley 值在(投票)权力衡量中的应用,继承了 Shapley 值在成本分配中的有效性、对称性、可加性等相关公理性质。因此,通过计算联盟结构的值既能反映联盟结构的动态稳定性特征,也能反映分配方法的公平与激励,且由于其计算的简便性在动态稳定的分配方法选择中具有很高的应用价值。

二、 成本分配方法动态稳定评价体系

综合利用联盟动态稳定分析,根据成本分配公理化分析以及联盟结构值计算,在此,我们构建 SCCA 方法动态稳定评价体系,如图 4-1 所示。

SCCA 方法评价的目标层是(大)联盟的动态稳定。本书利用最大一致集作为给定分配方法下大联盟结构是否动态稳定的判断标准。主要原因是供应链是相对松散而又复杂的动态系统,成员自由加入联盟,行动公开。给定分配方法与联盟结构,当联盟中的所有成员在考虑从联盟中叛逃及其可能引发的一系列连锁反应对联盟结构及收益的影响后,一致接受最初分配方案并愿意留在联盟中时,该联盟收益分配机制下的大联盟结构才是动态稳定的,这与"最大一致集"的概念不谋而合。此外,最大一致集与最大谨慎一致集等其他联盟生成博弈的解相比,较为易于计算、操作性更强,且本评价体系结合其他方法克服了最大一致集解集过大的问题。

由于往往存在多种分配方法下的大联盟结构都是动态稳定的,SCCA 方法评价的准则层要实现对分配方法的稳定性质的进一步解析。本书在准则层用"公平"与"激励"两个维度来评价分配方法的稳定性质,并联合利用成本分配公理化分析与联盟结构值的计算对两个稳定性指标进行评价。其中,分配方法的公平性是指分配结果反映个体对联盟贡献的能力,激励性是指分配结果对盟员留在而非偏离当前联盟结构的激励。一方面,通过计算不同分配方法的联盟结构值,可以定量地分析成本分配方法公平与激励性质的强弱。本书用 Shapley-Shubik 权力指数反映分配方法对盟员个体的公平性,用

Shapley-Shubik 权力指数的变异系数反映分配方法对联盟整体的公平性。Shapley-Shubik 权力指数及其变异系数越低,分配方法的公平性越好。用破坏倾向指数反映分配方法对盟员个体的激励性,用最大破坏倾向指数反映分配方法对联盟整体的激励性。(最大)破坏倾向指数越低,分配方法的激励性越好,并设置数值 0 为激励性"好"与"坏"的分界值。另一方面,根据本书提出的成本分配公理研究的新框架,可以定性地分析成本分配方法公平与激励性质的强弱。本书选择"独立性"和"排序性"分别作为分配方法弱公平性与强公平性的判断标准,选择"参与人数量单调性"和"累计单调性"分别作为分配方法弱激励性与强激励性的判断标准。公理化分析与分配情景赋予的成本分配方法的价值导向相结合可以进一步深挖不同类型联盟的机理。

供应链动态稳定的成本分配方法选择包含以下步骤:

(1) 第一步,根据供应链联盟的形式与环节,形成对理想分配方法的价值导向,即分配对不同盟员的公平与激励的侧重。

(2) 第二步,运用 SCCA 方法动态稳定评价体系对不同分配方法的稳定性特征进行评价。

(3) 第三步,根据理想分配方法的价值导向结合不同分配方法的公平与激励特征进行分配方法的选择。

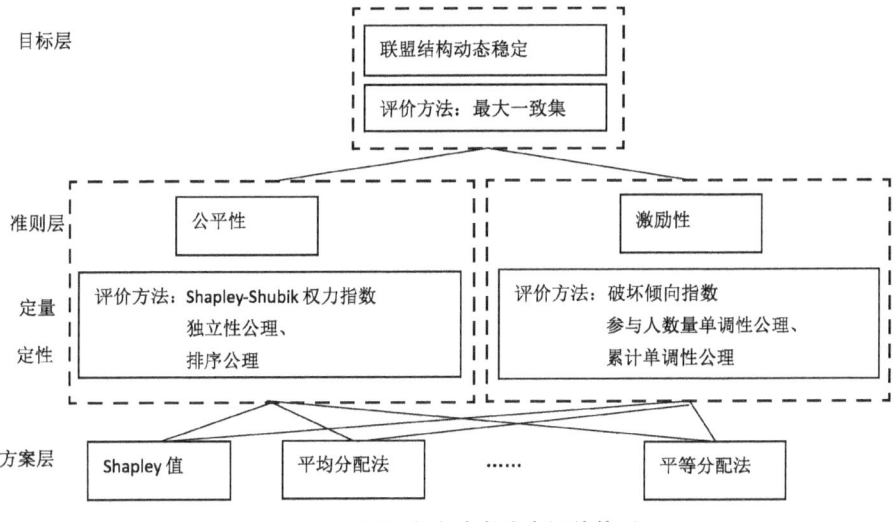

图 4-1 SCCA 方法动态稳定评价体系

第五节　本章小结

公理化研究是成本分配理论发展的前沿领域,它是对 Shapley(1996)在合作博弈模型的开创性研究以及公平分配的微观经济理论研究的延续。公理化研究不是从某种理论或具体方法出发研究分配问题,而是基于分配规则应满足的公理性质,去寻找适用于各类分配问题的具体规则。在以往的分配问题研究中,具体方法的研究长时间占据了主导地位,而分配问题的公理化研究是站在分配机制设计者或组织管理者的角度,从分配公平性出发,研究各种分配规则的公理特性。某种意义上说,公理化方法才是解决分配问题的根本途径。本章得出以下结论:

(1) 成本分配公理就是为成本承担者之间的间接成本分配确定一套标准规则,采用规范的数学结构公理去表征和比较各种成本分配方法。公理化研究作用:一是使成本分配规则的特征得以显性化,便于比较各种分配规则的优劣;二是可以根据不同分配问题的内在特征与不同的管理目标(公平、激励、稳定)寻找恰当的分配规则。

(2) 围绕成本分配的公理特性,经典成本分配公理体系采用"三级式"框架:第一级为基本公理,一般具有强制性,反映成本分配公平性的基本要求;第二级为一般公理,强制性相对较弱,从成本分配公平性的某一侧面对成本分配规则提出要求,并且与成本函数的密切变化相关;第三级为特殊公理,这类准则是在解决成本分配中某些特殊分配问题时,其分配方法应满足的规则。

(3) 本书提出以分配实践为导向的成本分配公理框架重塑思想。应该根据公理的目的及用途进行分类,并根据强弱进行排序,对于分配方法的选择应该多目标并重。选择方法首先是以分析具体分配问题的特殊制度约束为基础,厘清理想成本分配方法应具有的"理想"结构性性质(如成本函数、参与人数量),及对于有效性、激励性、预算平衡与公平性等分配目标的价值导向,优先满足最重要目标下的"强"公理性质,而对于其余目标则放松原有较强的公理要求,满足"弱"公理性质即可,以尽可能小的偏差满足全部要求。

(4) 公理中动态稳定性表现。从合作博弈理论的角度出发,联盟生成博弈是在给定分配方法下判断联盟结构是否（动态）稳定。因此，要结合联盟动态稳定分析与成本分配公理化分析才能实现动态稳定的分配方法选择。从量化联盟稳定性的角度出发，不同联盟结构值的计算方法从不同的侧重角度对盟员权力进行量化，也反映了不同分配方法的公平与激励的性质特征，这与公理化分析的目的异曲同工。因此，通过计算联盟结构的值即能反映联盟结构的动态稳定性特征。

第五章 供应链成本分配的动力机制：基于系统动力学分析

本章是 SCCA 动态稳定性研究的核心章节之三，从动态视角的"三大动力"研究 SCCA 动态稳定的动力机制。SCCA 呈现出动态稳定特征，但是 SCCA 过程和机理仍然是一个"黑箱"。由于计量方法较难描述 SCCA 活动这种复杂、非线性行为，本章尝试采用系统动力学这一工具构建管理多目标性、政治多维性和商业自利性这三个动力作用下的 SCCA 的系统动力学模型并进行数据模拟仿真，从定量视角阐释 SCCA 动力和机理。

第一节 问题提出：SCCA 的动力机制

不同于一般意义的成本分配，受到供应链中合作企业行为和外部环境驱动，供应链中成员企业的经济特征、相互关系、决策权限、定价与收益分配机制都对 SCCA 具有影响，因此 SCCA 存在着动力机制问题。国内外学者已经对行为驱动视角的 SCCA 动力问题进行了大量研究，为正确认识 SCCA 机理提供了许多有益借鉴。现有研究都认为 SCCA 动力主要源于核心企业，核心企业或占据垄断地位，或拥有独特知识和资源，或创新商业模式，它们对于供应链控制能力强，由此推动供应链上合作企业之间的竞争优势整合，从而节约交易成本，促使整个供应链成本降低和竞争能力提升，进而引致"能力集束效应"，促使供应链利润创造呈几何级数增长（Kaplinsky 和 Morris，2001；Gereffi 等，2005；Dyer 等，2008）[91-93]。

由文献可知，目前研究尽管已经认识到 SCCA 行为动力机制的重要性，但几乎都是商业自利性动力范围（占据本行业技术、管理、关键资源等制高点的供应链领导企业的行为驱动)的影响效应,没有完整考虑 SCCA 其他动力的影响机制,也没有综合研究不同动力中的各种决定因素如何作用 SCCA 系统。另一方面,国内外学者大多是对 SCCA 采用案例研究或基于历史数据的计量经济学等工具进行研究,侧重于对 SCCA 行为和结果的事后反馈,忽略 SCCA 系统内在非线性运行所导致的复杂性、不确定性对供应链整体的动态影响。由于 SCCA 背后的实质是管理多目标性、政治多维性和商业自利性三种动力在起作用,导致 SCCA 处于动态变化过程,形成了一种权变结构。对于 SCCA 这一复杂系统的动态运行过程,案例研究虽然有助于刻画相关因素之间的联系,但是其研究结论的普适性需要进一步检验归纳;而计量经济学方法则难以用具体方程描述研究变量相关关系的复杂性,且数据采集较为困难。由美国麻省理工学院 Forrester 教授创立的系统动力学(System Dynamics, SD)能够有效研究复杂系统中的信息反馈行为。当系统内部存在非线性因素作用和复杂因果反馈和生克关系,系统动力学方法通过寻求系统内部相关影响因素,将系统动态变化和因果影响作为焦点,能够在非完备情境下解析复杂问题。

本章将 SCCA 视为一个多动力因素构成的复杂动态系统,运用系统动力学方法建立 SCCA 的系统动力学模型,并以几条典型供应链的相关数据模拟分析动力系统各因素的协同作用和影响效应。本章内容安排如下(具体如图 5-1 所示):首先,是 SCCA 系统动力学模型的分析构建,在系统理论框架下构建 SD 模型的因果回路图和系统动力学流程图;其次,对构建的动力模型进行系统检验、模拟仿真和灵敏度分析;最后总结研究结论,并提出相应启示。

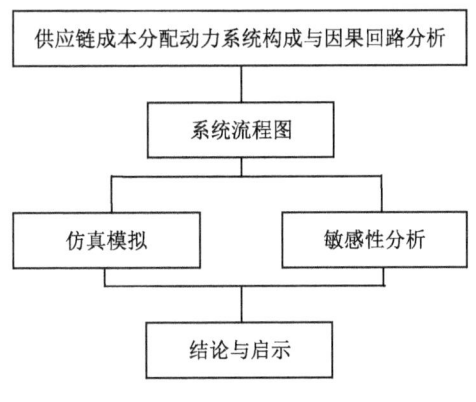

图 5-1 本章结构图

第二节 SCCA 动力系统构成与因果循环

SCCA 系统是一个由管理多目标、政治多维、商业自利行为子系统协同作用构成的复杂动态系统。三者之间既相互独立,又相互联系和相互作用。同时,每一动力子系统又受到供应链环境中的诸多因素的影响和作用,这些因素之间存在动态反馈、非线性、相互耦合关系。这三个动力因素究竟如何作用于 SCCA? 为考察影响 SCCA 的动力因素和动态变化规律,本章隐含的逻辑和假设是(具体如图 5-2 所示):整个供应链成本最低(或利润最大)是 SCCA 合理与否的主要考量标准。不同动力因素和因子,影响成本计量变化,由此引致整个供应链成本或者利润核算发生变化。整个供应链成本越低或者利润越大,SCCA 合理性越高;当整个供应链成本最低或者利润最大化时,SCCA 达到最优。对 SCCA 假设的演绎和检验,将极大促进供应链良性循环发展,由此对供应链成本管理实践产生积极影响。基于此,本节运用系统动力学方法建立三个因果反馈回路,分析 SCCA 动力系统(商业自利性、政治多维性和管理多目标性)的组成要素等变量特征以及这些变量间的相互关系,作为后续部分对 SCCA 定量仿真和模拟检验的基础。其中下文图 5-3~图 5-5 中正关系("+"号箭头)表明某变量增加(或减少)会引起相关联的另一变量增加(或减少);负关系("-"号箭头)则相反,表明某变量增加(或减少)会引起相关联变量减少(或增加)。

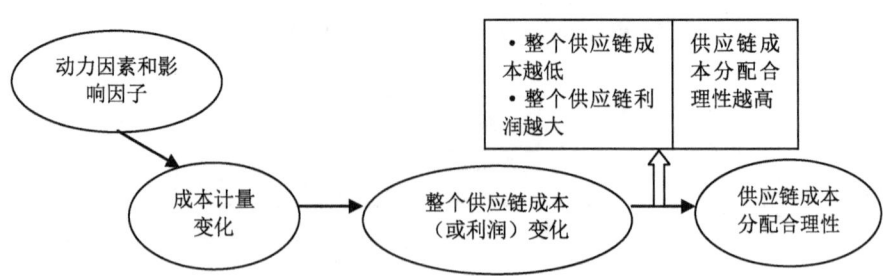

图 5-2 SCCA 的隐含假设

一、商业自利性子系统

商业自利性行为是引致 SCCA 过程和变化效应最为凸显的动力因素。假设市场上一条供应链中只有两家企业：一个是上游企业（企业 1），一个是下游企业（企业 2）。企业 1 为企业 2 提供产品，企业 2 对产品进行再加工后销售给消费者。企业 1 的成本和毛利率会影响企业 2 的成本，而企业 2 成本（该条供应链成本）高低影响产品定价，进而影响市场需求。供应链中这两家企业一方面相互合作共同盈利，但另一方面它们之间又存在着激烈的竞争和博弈，企业趋利性促使它们极力追求自身利益的最大化。由此，供应链中企业存在选择：究竟如何分配供应链的成本和利润。如果单纯追求自身利益最大化，导致成本转嫁给下游企业，那么不久的将来很有可能由于销售给消费者的最终产品成本相应增加导致定价过高，从而使其他的供应链竞争对手抢走本属于自身供应链的市场。如果不着眼于自身利益最大化，又不甘心拱手相让原本属于自己的利益或失去某些获取高额利润的机会。企业所固有的趋利性行为对于 SCCA 效应的引致因素可以从三方面来阐释：

（1）议价能力因子。供应链中不同企业的议价能力因子差异越大，越易形成供应链契约，进而导致 SCCA 结果得以确定，正向效应的发挥会促进 SCCA 合理性提高。一般而言，不同企业的议价能力因子差异明显表明供应链中存在核心企业，它们是供应链的领导者，占据着本行业的技术、管理、关键资源等制高点，即它们在供应链中拥有关键核心技术，或者控制特殊的分销渠道，或者拥有他人所不具备的创新知识或管理经验，相应地它们就会占据供应链中的控制地位，拥有分配话语权，具有较高的议价能力因子；而那些非核心企业则议价能力因子较低。

（2）成本改善因子。成本改善因子越大，会引致供应链成本水平发生降低，由此 SCCA 的合理性也会提高。当供应链中企业预先形成契约关系，上下游企业利益相互绑定，它们通过进行相互合作、相互交流和管理、技术经验传授等方法努力改善成本水平。当相互协作越努力和有效率，成本改善因子越大。

（3）产品特性因子。供应链所处的行业不同、所生产的产品不同，明确界定了不同供应链的成本和收益水平，我们以"产品特性因子"表示供应链的利润空间和厚度。如果一条供应链的利润空间和厚度较大,表明 SCCA 合理性越易增加。图 5-3 显示了商业自利性动力及其影响因子对 SCCA 的效应关系。

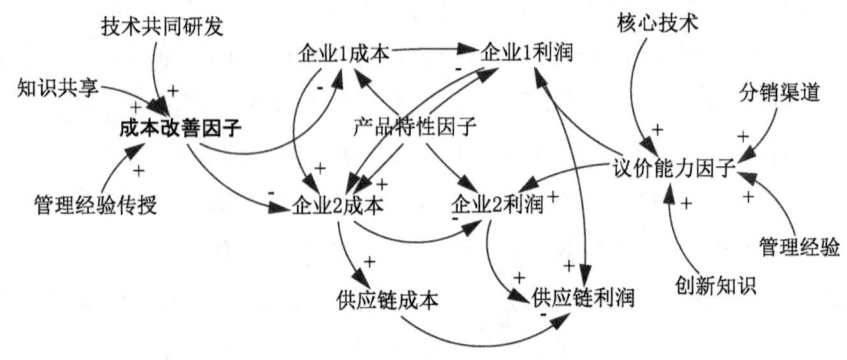

图 5-3　商业自利子系统因果循环图

二、政治多维性子系统

图 5-4 显示现实中的 SCCA 受到政治因素的影响。如果追加考虑会计视角的成本分配,SCCA 合理与否源于三个政治变量:

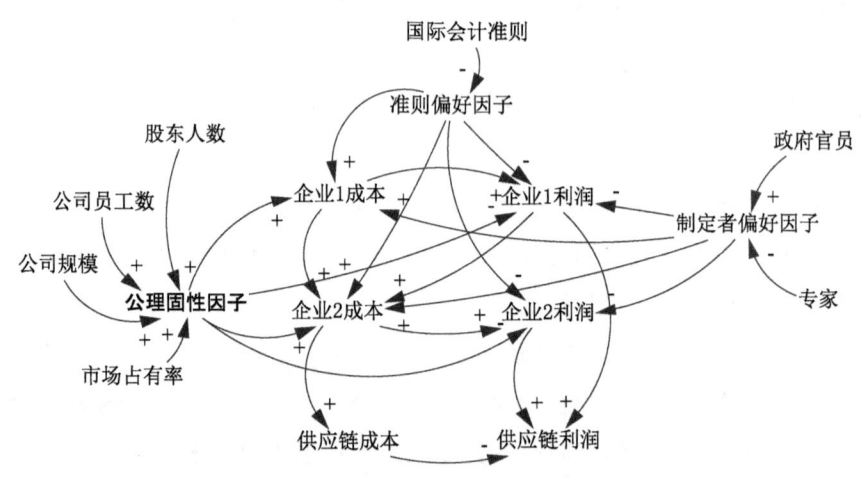

图 5-4　政治多维子系统因果循环图

(1) 制定者偏好因子。西方国家会计准则的制定者一般为专家群体,他们从专业理论角度制定切合现实环境的准则。而与国外不同的是我国的会计准则制定者政府官员居多,他们会从国家、政治、环境等多角度制定和调整会计准则。可以说,中国环境下会计准则的制定者偏好因子大,这一情形不利于 SCCA 合理性的提高。

(2) 准则偏好因子。随着经济全球化和贸易一体化,我国财政部于 2006 年颁布了新企业会计准则,表明中国会计准则与国际接轨。尽管在具体内容上仍存在一些差异,但 2006 年的新准则与国际准则的整体架构一致,内容、理念、原则、方法与国际趋同,具体准则、应用指南和国际财务报告准则的内部结构也相同(刘玉廷,2007)[94]。因此,我们认为 2007 年之前准则偏好因子较大;而 2007 年之后准则偏好因子则相对较小。准则偏好因子越小,SCCA 合理性程度越高。

(3) 公理固性因子。供应链中企业出于不同考虑形成合谋,即它们往往会基于个体利益的异质性结成具有特定共同立场、观点和利益的政治集团。究其原因在于政治环境中每一个体只是"投票者"之一,很难获取额外收益,但是个体形成的政治利益集团的活动却增加了获得特定政治收益的可能,而且政治集团行为并无必要一定符合特定个体利益。不同合谋集团权力资源的多少、行为模式的强弱以及行动范围的大小,即公司规模、市场占有率、公司员工数、股东人数的多少表明公理固性因子的大小。公理固性因子越大,政治合谋可能性越大,它们会倾向于选择体现自身意图和获取更多收益的分配方法和政策,从而影响 SCCA 过程和结果,导致供应链整体利润发生变化,SCCA 达到合理性的可能性则越小。

三、管理多目标性子系统

管理多目标是对商业自利性行为的增进和改善,它对 SCCA 过程和结果的影响主要在于"有效管理创造收益、约束成本;额外收益分享激励有效管理"。管理视野看待企业单一成本和供应链成本不同于商业自利行为动力,管理者认为企业成本和供应链成本不是一个简单函数,企业成本复杂多变,供应链成本也并非企业成本的简单叠加。管理者通过管理控制确保资源获得以及资源有效且高效率的使用,引致"管理乘数因子"产生效应。管理乘数因子不仅是一种独立的受力因子,受到供应链企业管理能力、内部控制水平、战略实施成效等多方面因素影响,同时它也是一种作用因子,促进整个供应链中的合作企业管理成本能力和提高利润率能力的增加。为便于测量,管理乘数因子具体体现为企业的会计计量系统水平的高低,即企业是否在管理中成功应用 MIS(管理信息系统)、ERP(企业资源计划)等信息技术,拥有较高的信息集成程度。而信息化技术的普及应用,会导致供应链合作规则以全新方式和低成本来实现,由此解绑传统企业,实现前所未有的专业化运营模式和组织效率,体现经济效益。因此,企业计量水平越高,则管理乘数因子越大,导致整个供应链成本越低(或供应链利润越大),由此表明 SCCA 合理性越高。图 5-5 显示了管理多目标子系统的因果关系。

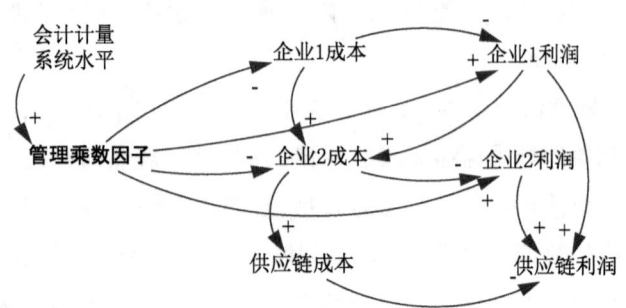

图 5-5　管理多目标子系统因果循环图

第三节　SCCA 的系统动力学模型构建

一、SCCA 系统动力学流图

通过因果反馈回路得出 SCCA 因果循环关系的定性分析,然而这种定性描述并不能确定使回路中的变量发生变化的机制。在三个动力系统构成的 SCCA 模式中,上游企业成本率和利润率受到三个动力和不同因子的影响,上游企业成本和利润发生变化,这一变化进而引致下游企业成本率和利润率发生变化,并进一步导致下游企业成本和利润改变,最终使得整个供应链成本和供应链利润产生变化。在这一层层递进和连锁反应过程中,SCCA 的合理程度不断发生变化。SCCA 系统动力模型的系统流图如图 5-6 所示。

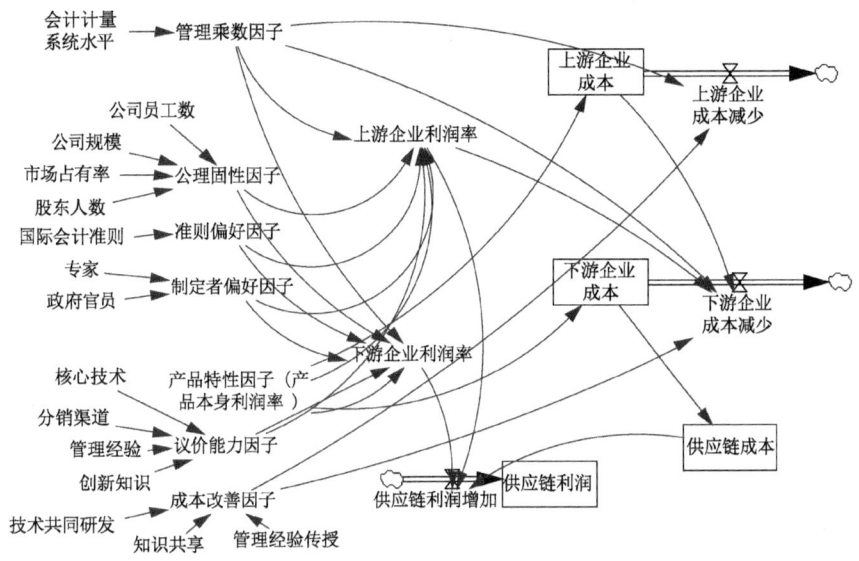

图 5-6　SCCA 的系统动力学流图

二、变量说明

在 SCCA 的系统动力学流图中,存在四个水平变量:上游企业成本(TC_1)、下游企业成本(TC_2)、供应链成本(SCC)、供应链利润(SCP);另外存在三个速率变量:上游企业成本减少(DR_1)、下游企业成本减少(DR_2)、供应链利润增加(PR);包括辅助变量有:上游企业利润率(PR_1)、下游企业利润率(PR_2)、管理乘数因子(ξ)、公理固性因子(θ_1, θ_2)、准则偏好因子(σ)、制定者偏好因子(η)、产品特性因子(γ_1, γ_2)、议价能力因子(δ_1, δ_2)、成本改善因子(κ)、会计计量系统水平(a)、公司员工数(b)、公司规模(c)、市场占有率(d)、股东人数(e)、专家(f)、政府官员(g)、国际会计准则(h)、核心技术(i)、分销渠道(j)、管理经验(l)、创新知识(m)、技术共同研发(n)、知识共享(o)、管理经验传授(q)等。根据水平变量、速率变量和辅助变量的实际经济含义,将各个变量的关系抽象成数学公式构建系统动力学流图,为模型仿真提供更加确切的依据。下面列出的是 SCCA 系统动力学流图中的主要关系式①。

---

① 根据相关规律和数据特点,规律性强的数据实行拟合,规律性弱的数据则应用 SD 的特征函数(图表函数),通过插值建立图表函数的方法以清晰表现关系。

$TC_1 = INTEG(DR_1, TC_1)$，TC_1 的初始值根据所选择供应链给定；

$DR_1 = TC_1 \times \xi \times \kappa$；

$\xi = $ 表函数(a)

$\kappa = $ 表函数$(n \times o \times q)$ （5-1）

$TC_2 = INTEG(DR_2, TC_2)$，TC_2 的初始值根据所选择供应链给定；

$DR_2 = TC_2 \times PR_1 \times \xi \times \kappa$；

$PR_1 = \xi \times \theta_1 \times \sigma \times \eta \times \gamma_1 \times \delta_1$

$SCC = TC_2$

$SCP = INTEG(PR, SCP)$

$PR = SCP \times PR_2 \times PR_1$

$PR_2 = \xi \times \theta_2 \times \sigma \times \eta \times \gamma_2 \times \delta_2$

$\theta = $ 表函数$(b \times c \times d \times e)$

$\eta = $ 表函数$(f \times g)$

$\sigma = $ 表函数(h)

$\delta = $ 表函数$(i \times j \times l \times m)$ （5-2）

同时，基于数据可靠性考虑，本章模型的数据来自 CSMAR 数据库和相关调研数据资料。通过进一步明确系统各元素之间的数量关系，更完整具体地描述系统构成、系统行为和系统元素相互作用机制的全貌，由此实现 SCCA 动力和结果仿真的目的。

第四节 模型的仿真与分析

一、供应链选取与数据来源

本章选取四类性质迥异的典型制造业行业，即"电器机械及器材制造业、交通运输设备制造业、医药制造业、食品加工制造业"[1]，同时考虑到每类行业中的交易企业众多，围绕典型企业为核心选取供应链：A 供应链（电器机械及器材制造业中选取青岛海尔为核心的家用电器制造供应链）；B 供应链（交

---

[1] 这里的四个行业是按《中国企业发展报告》所进行的行业分类选取的。

通运输设备制造业中选取国内军工板块的中航工业总公司旗下飞机整机公司为核心的飞机制造供应链);C供应链(医药制造业中选取扬子江药业为核心的药品制造供应链);D供应链(食品加工制造业选取以南京雨润为核心的食品制造供应链),考察并比较这四条供应链中不同动力因素对SCCA的效应状况。

本章对于系统动力学模型的检验和模拟仿真数据均来源于CSMAR数据库和企业实际调研数据,并运用MATLAB进行数据拟合和仿真模拟。通过模拟仿真发现,不同动力因素和影响因子对于A、B、C、D四条不同类型的SCCA的效应几乎相似,这四条供应链所处的不同行业差异由于SD模型中的因子变量"行业特性因子"的作用,抹平了行业差异所带来的区别,模拟分析得出的研究结论基本相同。因此,本章下面部分截取B供应链的"中航系"公司旗下飞机制造供应链的相关数据[①],演绎模型检验和仿真模拟处理及结论。

二、模型检验

为验证构造SCCA系统动力学模型与现实系统的吻合度,检验模型所获得信息与行为是否能够反映实际系统特征和变化规律,本节对构造模型进行有效性检验。通过检验模型仿真结果与实际系统历史数据的拟合度,发现模型是否存在问题,是否与实际分配系统相吻合,从而在一定程度上保证模型的正确性和有效性。经过模拟对历史数据进行回测,表5-1显示了模拟数据与真实数据的对比情况。

---

① 中航工业集团公司(简称"中航工业")是中央管理的国有特大型企业,系国内军工集团第一家成为世界500强的企业。近几年,中航工业通过资本化运作,并购了30多家各类企业,实施了20项专业化重组,涉及95家成员单位,形成了飞机、发动机、航空电子、航空机电等一批专业化公司。中航工业在内部形成的一大批专业化业务板块,飞机业务、直升机业务、发动机业务、系统业务、航电业务、通用飞机业务等已具规模,供应链网络组织体系较为复杂。如洪都航空和成飞集成分属于防务事业部的航空板块和民品板块;中航飞机属于运输机、支线客机业务板块;航空动力、成发科技、中航动控分属于航空发动机的主机、传动和控制业务板块;中航电子、中航精机、中航光电、中航黑豹属于航空电子、航空机电、元器件和民品业务板块等。本节选取"飞机整机—航空发动机—航空电子系统"的供应链为主线,涉及企业包括"中航飞机(原西飞国际,是"中航系"公司中三家整机企业之一,主要业务为飞机整机、零部件研发与制造,以及起落架业务、航空机轮和刹车业务)、航空动力(主要业务是航空发动机主机)、中航电子(主要业务是航空电子系统)。以该条供应链中企业数据为基础,剔除与飞机制造非相关业务,由此进行数据模拟和仿真分析。

表 5-1　模拟数据与真实对比　　　　　　　　　　　　单位：万元

年份	上游企业成本		下游企业成本（供应链成本）		供应链利润	
	真实值	模拟值	真实值	模拟值	真实值	模拟值
2000	20 775	21 278	34 801	33 765	11 597	11 420
2001	31 547	32 670	47 824	46 923	13 293	13 990
2002	30 240	35 652	46 872	51 345	15 827	16 723
2003	32 456	36 725	46 677	50 321	17 498	18 576
2004	39 894	42 639	50 398	48 889	22 849	21 098
2005	47 894	50 044	60 106	61 356	23 360	22 065
2006	58 582	61 831	90 085	92 057	29 261	31 456
2007	76 715	78 857	133 314	131 000	34 692	33 094
2008	238 512	212 380	594 330	609 995	114 079	116 932
2009	307 105	290 002	514 546	501 278	112 856	115 780
2010	368 352	355 888	656 782	678 120	138 230	140 850
2011	407 694	410 680	569 774	589 450	119 505	117 428
2012	420 825	400 775	972 520	940 044	195 078	206 490
2013	472 166	407 632	1 073 532	1 025 588	219 219	218 587

模拟出这些数据后，对 2000—2013 年的历史数据与仿真数据进行误差分析，建立误差率公式：

$$\sigma_i^j = \left| \frac{X_i^j - \bar{X}_i^j}{\bar{X}_i^j} \right|; i=2\,000, 2\,001, \cdots, 2\,013; j=1, 2, 3 \quad (5\text{-}3)$$

为方便对比，建立平均误差率公式：

$$\sigma^j = \frac{1}{14} \sum_{i=2\,000}^{2\,013} \sigma_i^j; j=1, 2, 3 \quad (5\text{-}4)$$

其中：i 表示年份，j 表示数据类型（1 为上游企业成本，2 为供应链成本，3 为供应链利润）。通过计算可得：$\sigma^1 = 6.843\,7\% < 10\%$；$\sigma^2 = 3.637\,9\% < 10\%$；$\sigma^3 = 4.197\,8\% < 10\%$，误差近似正态均匀分布，构建系统动力学模型拟合供应链成本和利润的模拟值与真实值变动趋势基本保持一致，整体拟合较好。

由此,可以认为本章构建模型所描述的系统行为与实际系统行为基本相符,系统是有效的。

三、模型仿真模拟

通过模型有效性检验证明本章所构建 SD 模型是可信可行的。本部分以 2013 年 B 供应链的"中航系"公司旗下飞机制造供应链相关数据为基础,对该条供应链的成本和利润进行仿真(图 5-7),通过模拟来分析供应链成本和供应链利润的趋势。通过系统动力学对供应链成本和供应链收益水平变量的仿真显示,商业自利性、政治多维性和管理多目标性三个动力因素共同对 SCCA 合理程度起着调节作用。供应链利润呈现上升趋势,但是存在着上升幅度增长快慢的差异;供应链成本呈现着下降趋势,但在某一区间可能呈现"倒 U 型"曲线,表明在某一区间供应链成本可能达到最低,由此得以说明 SCCA 合理程度存在变化,但是存在优化的可能。

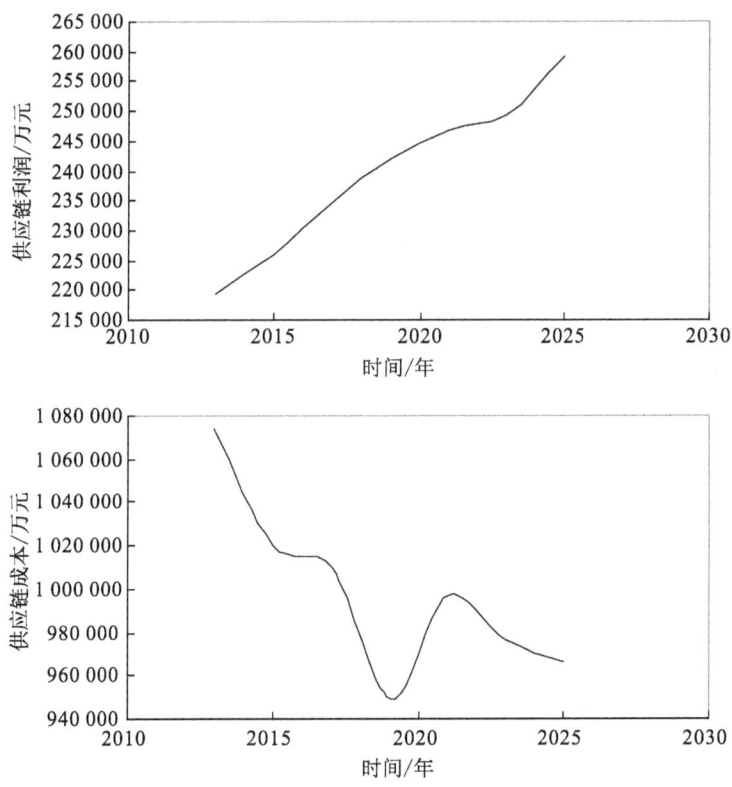

图 5-7 SCCA 的现实仿真 2013—2025 年趋势图

四、灵敏度分析

本部分主要对 SCCA 系统动力学模型进行参数灵敏性测试。通过寻找调试系统动力学模型中较为灵敏的参数，寻找实际系统的杠杆作用点，调试实际系统的决策分析，由此寻找最佳政策。其中商业自利性动力的议价能力因子、政治多维性动力的公理固性因子、管理多目标动力的管理乘数因子比较容易控制。

1. 商业自利性动力：改变议价能力因子

在其他状态变量不变的情况下，将议价能力因子由 $\{\delta_1, \delta_2\}$（现行数值）分别调整到 $\{\delta_1-0.1, \delta_2+0.1\}$（方案1）、$\{\delta_1+0.2, \delta_2-0.2\}$（方案2）、$\{\delta_1+0.3, \delta_2-0.3\}$（方案3）三种情况。模型运行结果表明（图5-8），随着不同企业议价能力因子差距的加大，供应链成本出现下降趋势，而供应链利润

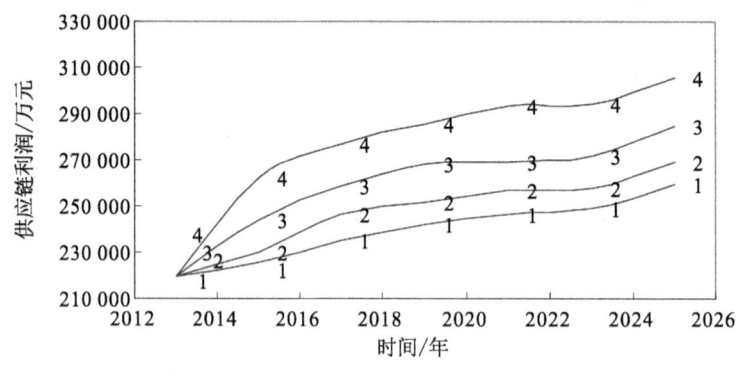

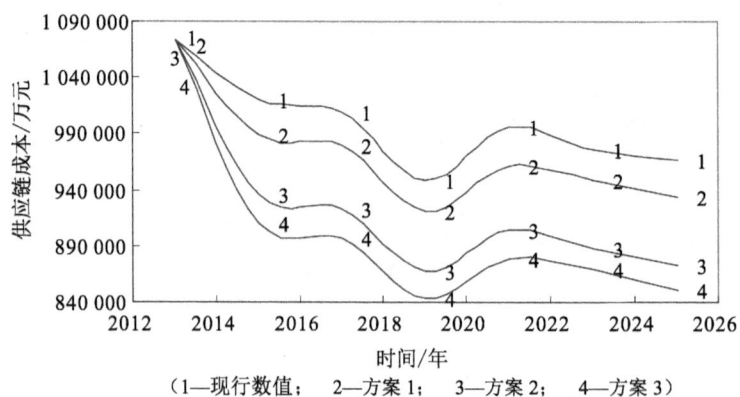

（1—现行数值； 2—方案1； 3—方案2； 4—方案3）

图5-8 不同议价能力因子的供应链成本分配仿真图

则呈现上升趋势；不同企业议价能力差距越大（也即供应链中某一企业的领导性和权威性更甚），SCCA更易达成协议，供应链利润和供应链成本的变化幅度也较大，正向效应的发挥会促进SCCA合理程度的提高。商业自利性动力中的议价能力因子对SCCA结果的影响较大，它对SCCA合理与否起着重要的调节作用。

2. 政治多维性动力：改变公理固性因子

在其他状态变量不变的情况下，将公理固性因子由$\{\theta_1, \theta_2\}$（现行数值）分别调整到$\{\theta_1-0.2, \theta_2-0.2\}$（方案1）、$\{\theta_1+0.1, \theta_2+0.1\}$（方案2）、$\{\theta_1+0.2, \theta_2-0.1\}$（方案3）三种情况。模型运行结果表明（图5-9），当公理固性因子降低，企业的政治合谋性变小，供应链利润会相应增加，而供应链成本则有所减少；当公理固性因子增加，政治合谋可能性变大，供应链利润相应

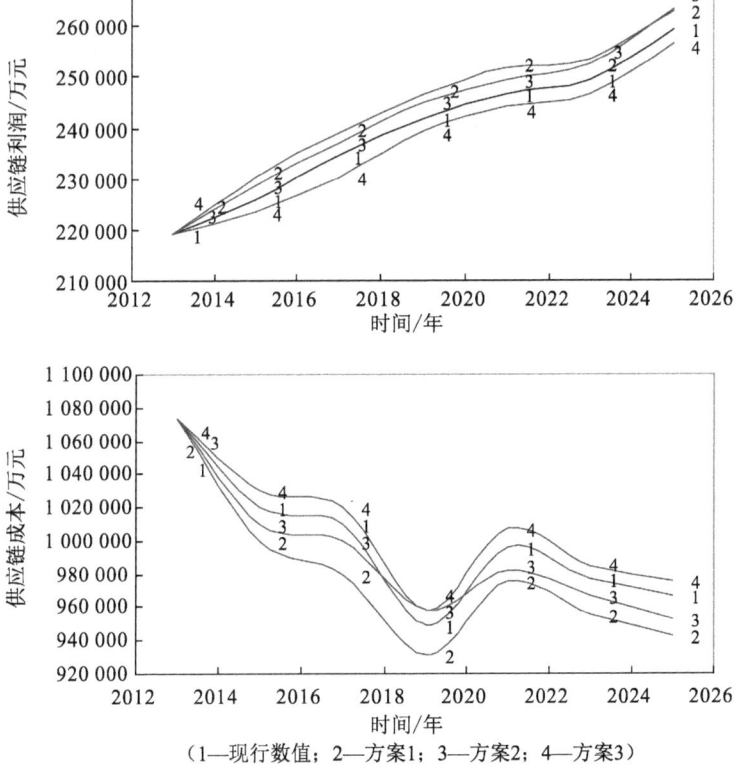

（1—现行数值；2—方案1；3—方案2；4—方案3）

图5-9　不同公理固性因子的供应链成本分配仿真图

减少,而供应链成本则增加;当公理固性因子有增有减,供应链利润下降趋势变大,供应链成本上升趋势也变大。这些现象表明,政治多维性动力的合谋因素在一定程度上影响 SCCA,较少的合谋可能会增加 SCCA 的合理程度。

3. 管理多目标性动力:改变管理乘数因子

在其他状态变量不变的情况下,将管理乘数因子的大小由 ξ(现行数值)调整到 $\xi-0.2$(方案1)、$\xi+0.2$(方案2)、$\xi+0.4$(方案3)三种情况。模型运行结果显示(图 5-10):当管理乘数因子增加,供应链利润相应增加,而供应链成本则呈现下降趋势;当管理乘数因子降低,供应链利润会随之下降,供应链成本则相应增加;而随着时间递增,供应链利润和成本曲线逐渐平缓,管理乘数因子对于供应链效益的影响效应逐渐趋弱。由此可以得出,管理多目标动力的管理乘数因子增强了 SCCA 合理性,但存在着投入最佳期选择问题,前期投入实现效益显著。

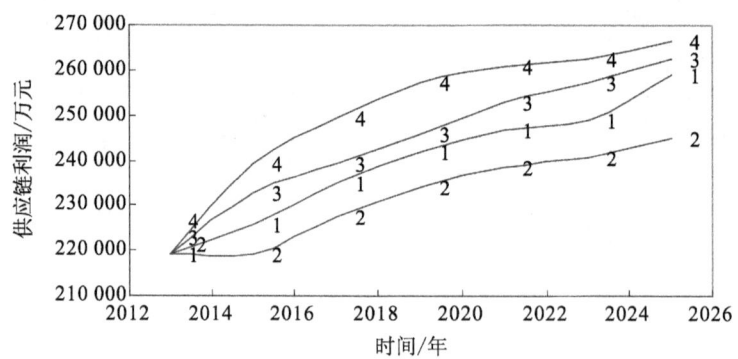

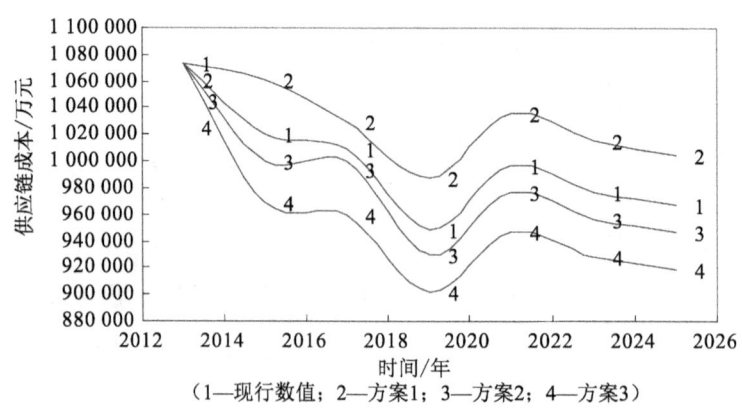

(1—现行数值;2—方案1;3—方案2;4—方案3)

图 5-10 不同管理乘数因子的供应链成本分配仿真图

第五节 本章小结

本章运用系统动力学研究方法,建立 SCCA 的系统动力学模型,在对管理多目标性、政治多维性和商业自利性三个动力因素与 SCCA 行为分析的基础上,运用 Vensim PLE 构建变量间函数关系的系统动力学模型,并运用 MATLAB 对数据进行拟合、插值和模拟仿真。通过数据模拟和仿真分析发现:

(1) SCCA 系统是一个由商业自利性、政治多维性和管理多目标性三个动力子系统构成并协同作用的复杂动态系统。任何一个动力子系统的影响因子发生变化,将会导致会计计量相应发生改变,从而引致 SCCA 合理与否问题的产生。研究结论显示,影响 SCCA 合理性的因素是三个动力系统的相互叠加作用,其中商业自利性动力是影响 SCCA 合理程度的最主要因素;管理多目标性动力则起到催化剂作用,对供应链成本的合理分配具有乘数倍数效应;至于政治多维性动力虽然也影响供应链成本的合理分配,但在现实分配中却处于次要影响地位。

(2) 商业自利性动力的分析表明,它是三个动力中对于供应链成本的合理分配最具影响力、最为凸显的重要因素。文中分析得出的"中航系"企业飞机制造供应链的片断数据显示出:①对于飞机制造业尤其是军用飞机这一板块,供应链产品的利润空间和厚度较大(行业特性因子大),导致供应链契约极易形成和得到各方企业接受,由此 SCCA 合理程度的调控空间也较大。②在中航工业飞机制造供应链中通常具有权威核心企业,如飞机整机企业,它们占据该行业技术、管理、关键资源等制高点,其议价能力较高,供应链中企业之间的议价能力差距越大,SCCA 越是容易平衡,对 SCCA 合理程度影响越大,而正向效应的积极发挥会提高 SCCA 合理性。③供应链契约形成后,成员企业的成本努力和协作共同改善供应链成本结构,由此增加供应链效益。

(3) 管理多目标动力对供应链成本合理分配起着倍数效应和催化剂作

用。"不同管理目的,不同成本分配",当供应链中企业会计计量系统水平提高,大力运用信息技术提高信息集成程度,则会很大程度上提升管理效率,经济效益会大幅提升,供应链成本合理分配得以实现。以中航工业的飞机制造供应链而言,中航系的企业实力都比较雄厚,2005年左右充分运用信息技术进行信息集成,正如表5-1的数据显示,2007年后的供应链利润得以大幅提升,经济效益大大显现①。因此,管理多目标动力的管理乘数因子对SCCA合理程度提高具有乘数作用。但是,信息系统设计存在最佳投入期问题,在前期加大投入,获取的供应链效益最为显著。

(4) 政治多维性动力对SCCA合理程度起到的作用最弱。政治多维性动力的三个因子越大,会招致供应链受损。但是,从历史区间来看,政治多维性动力对供应链成本的合理分配逐渐具有正向效应,它引致供应链利润增加。究其原因,可以从以下三方面进行解释:①中国环境下的制定者偏好因子较大,因为中国会计准则更多倾向于由政府官员制定,他们更多从国家、政治视角考虑会计计量问题,但这一现象正在逐步得以改进。②2006年中国颁布新会计准则,与国际会计准则接轨,这也导致2007年之后的准则偏好因子变小,从中航工业的供应链数据可以看出,2007年之后供应链利润增加而供应链成本变小,准则偏好因子和制定者偏好因子对于SCCA合理程度的影响力正在逐步弱化。③由于供应链企业合谋引致的公理固性因子在一定程度上也影响SCCA,较少的合谋可能会增加SCCA的合理程度。

---

① 中航系企业在2007年后利润的大幅提升尽管很大部分是由于业务的拓展,但不可否认的是,由于信息集成程度的提高,强化了管理效率,供应链利润得以增加,由此引致供应链成本分配合理程度的提高。

第六章 异质环境下具有偏好纵向研发联盟动态稳定性

本章为 SCCA 动态稳定性研究的核心章节之四。在引入 SCCA 的远视动态稳定性研究的基础上进一步对供应链联盟成员短视与长视稳定性偏好进行研究,探究异质 SCCA 问题。在纵向供应链联盟中各个成员企业并不是同质的,即它们可能处于不同的行业和生产环节;异质供应链联盟的成员企业之间仅仅是松散的契约关系,存在其自由加入或离开的可能性。因此,异质供应链联盟的动态稳定性成为亟待解决的问题。更进一步地,联盟成员的长/短视性对于联盟动态稳定性的影响更为突出。本章基于异质环境背景进一步研究成员偏好对供应链联盟异质成本分配动态稳定性的影响。

第一节 研究背景与研究目的

一、研究背景

纵向供应链研发联盟是不同企业间进行联合研发的重要形式(Banerjee 和 Lin,2001)[95]。与横向研发联盟所不同的是,纵向供应链研发联盟中的各个成员企业并不是同质的,处于不同的行业和生产环节。横向研发联盟的最终产出通常为显性化的产品创新或服务创新,其研发成果能够直接给成员企业带来立竿见影的收益。而纵向研发联盟由于成员企业的不同属性,其产出通常为信息系统、管理流程等流程创新或渠道创新。这种研发联盟的短期收益虽然不如横向产品研发,但从长远角度来看,管理技术水平上的改进能够有效提升整条供应链的综合竞争力。与此同时,由于纵向供应链联盟中的成员企业性质差异较大,成本分配的难度也要高于横向供应链联盟,稍有不慎则更容易引起联盟结构的动荡。由此引发的变动会给投资金额大、研发周期长、合作风险高的研发联盟带来较大的负面影响。因此,纵向研发联盟的动态稳定性成为亟待解决的问题。

更进一步地,成员企业自身的偏好(比如长/短视、公平性、风险性等等)也会对其决策产生影响,从而进一步影响到供应链联盟的动态稳定性。这些偏好在成员企业进行决策时各有侧重,然而由于研发联盟投资周期长、金额大、风险高等特点,相较于其他偏好而言,成员企业的长/短视偏好对于供应链联盟动态稳定性的影响则更加明显。长视的成员企业在决策时能够充分考虑到其决策所引起的长期效应,并将随之而导致的联盟动态调整纳入考虑范围。而短视的成员企业往往只关注短期的静态利益,并不考虑自己决策所带来的一连串连锁反应。因此,本章采用以制造商为领导者的Stackelberg微分博弈方法,构建短视和长视情境下的集中决策和分散决策模型并得到相关利润和成本,在此基础上采用合作博弈方法对共有利润和成本进行分配,并比较不同情境下分配结果之间的差异及其对供应链动态稳定性的影响。

二、研究目的

本章的研究基于异质环境背景成员偏好对供应链联盟异质成本分配动态稳定性的影响,拟回答以下几方面的问题:

(1)选择上游低碳制造商和下游制造服务商组成具有偏好纵向研发联盟供应链系统,寻找异质成本分配动态稳定规律。

(2)在分散决策中,长视情境和短视情境中的制造商和制造服务商的努力程度如何,呈现何种规律;以及制造商对于制造服务商的成本补贴情况又如何。

(3)何种成本分配比率能够有效协调制造商与制造服务商之间的利益,并且有利于供应链动态稳定运行;比较供应链成员企业组成结构,当供应链由同一类型的成员企业组成时,长视或短视制造商所决策的成本分配系数如何;当供应链由不同类型的成员企业组成时,长视或短视制造商所决策的成本分配系数又如何。

(4) 采用 Shapley 值对于合作收益进行分配时,无论是在长视情境中还是短视情境中,制造商和制造服务商所组成的大联盟是否能够维持联盟的动态稳定性。

第二节 模型设置

一、问题描述

本章选择以上游低碳制造商和下游制造服务商组成的供应链系统为研究对象,研究供应链减排研发成本投入及分配问题。上游制造商的减排研发努力直接影响产品的减排量,与此同时,下游制造服务商的低碳研发则直接影响产品的低碳声誉。进一步地,由于消费者具有绿色偏好,产品的减排量和低碳声誉以及制造商和制造服务商投入的相应的努力程度会直接影响到产品的市场需求。考虑到制造商比制造服务商面临更大的销售压力,且在整条供应链中制造商掌握核心技术,因此本书选择以制造商作为微分博弈的主导方,与制造服务商构成 Stackelberg 微分博弈。为了激励制造服务商努力进行产品的低碳研发,制造商给制造服务商提供一定比例的研发成本补贴。具体决策过程为:首先,制造商决策自身减排的投入成本,并为制造服务商提供低碳研发的成本补贴比例;其次,制造服务商根据制造商的策略决策自身低碳研发的投入成本。由于本节主要分析制造商与制造服务商的长视/短视行为对于其成本决策的影响,因此不考虑供应链双方的库存成本和缺货成本,不考虑价格等其他因素对需求的影响。假设双方决策基于完全信息,供应链参与方均是理性决策者。与此同时,为了更好地分析 SCCA 决策与市场反应之间的关系,我们假设制造商与制造服务商的策略为静态的,即一旦二者选择的一种策略(比如长视或短视),则在整个博弈期间保持不变。决策过程如图 6-1 所示。

二、符号说明

本节中所使用的变量符号及其定义如表 6-1 所示。

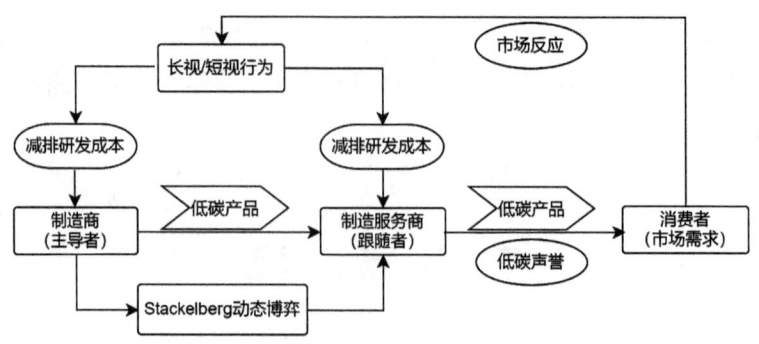

图 6-1 异质供应链减排与低碳研发决策示意图

表 6-1 变量符号及其定义

符号	定义
决策变量	
$E_M(t)$	制造商产品减排研发成本
$E_A(t)$	制造服务商低碳研发成本
$\varphi(t)$	制造商对制造服务商的研发成本补贴系数,$0 \leqslant \varphi(t) \leqslant 1$
参数及其他变量	
J_M, J_A	制造商和制造服务商的产品边际利润,$J_M > 0, J_A > 0$
μ, η	制造商的产品减排成本系数,制造服务商的低碳研发成本系数,$\mu > 0, \eta > 0$
θ, δ	制造商减排投入成本对单位产品减排量的影响系数,制造服务商研发投入成本对单位产品低碳声誉的影响系数,$\theta > 0, \delta > 0$
α, β	产品减排量以及低碳研发对产品市场需求的影响系数,$\alpha > 0, \beta > 0$
σ, ω	制造商减排努力程度以及制造服务商研发努力程度对产品市场需求的影响系数,$\sigma > 0, \omega > 0$
γ, λ	产品减排量,低碳研发的自然衰减系数,$\gamma > 0, \lambda > 0$
ρ	折现率
$D(t)$	产品的市场需求,$D(0) = D_0 \geqslant 0$
$G(t)$	产品的减排量,$G(0) = G_0 \geqslant 0$
$R(t)$	产品的低碳声誉,$R(0) = R_0 \geqslant 0$
Π_M, Π_A, Π_T	制造商,制造服务商以及供应链整体的目标函数(净利润),$t \in [0, +\infty)$

三、模型假设

本节相关的五个假设条件如下：

(1) 假设制造商的减排成本是关于减排努力程度的凸函数，因此本节借鉴 Raz 等(2013)以及 Zhu 和 He(2017)对减排成本函数的假设[96-97]，t 时刻制造商的减排成本为：

$$C[E_M(t)] = \frac{\mu}{2} E_M^2(t) \tag{6-1}$$

其中 $C'(E_M) > 0$，$C''(E_M) > 0$，并假设减排成本是一次性投入，不受产量影响。

(2) 假设制造服务商的低碳研发成本是关于研发努力程度的凸函数，因此本节借鉴赵道致等(2016)[98]对低碳研发成本函数的假设，t 时刻制造服务商的研发成本为：

$$C[E_A(t)] = \frac{\eta}{2} E_A^2(t) \tag{6-2}$$

其中 $C'(E_A) > 0$，$C''(E_A) > 0$，并假设低碳研发成本是一次性投入，不受产量影响。

(3) 产品的减排量是一个动态变化的过程，受到当期制造商的减排努力程度的正向影响(Bertinelli 等，2014；Benchekroun 和 Martín-Herrán，2016)[99-100]。与此同时，由于随着时间的推移，已有投资的减排设备会老化，减排量存在一个相对的自然衰减率(Zu 等，2018)[101]，因此产品减排量的变化过程可用以下状态方程(微分方程)表示：

$$\dot{G}(t) = \theta E_M(t) - \gamma G(t) \tag{6-3}$$

其中初始时刻产品的减排量为 $G(0) = G_0 \geqslant 0$。

(4) 对产品进行低碳研发所产生的积极声誉也是一个动态变化的过程，受到当期制造服务商的研发努力程度的正向影响。与此同时，由于随着时间的推移，低碳形象在消费者脑海中印象会逐渐淡化，低碳研发也存在一个相对的自然衰减率(赵道致等，2014)[102]，因此产品低碳声誉的变化过程可用以下状态方程(微分方程)表示：

$$\dot{R}(t) = \delta E_A(t) - \lambda R(t) \tag{6-4}$$

其中初始时刻产品的减排量为 $R(0) = R_0 \geqslant 0$。

(5) 产品的需求受产品减排量和低碳研发的影响，与此同时，制造商的减排努力以及制造服务商的研发努力在一定程度上也会对产品市场需求起到推动作用。借鉴 Ghosh 和 Shah(2015)以及 Basiri 等(2017)[103-104]中关于消费者环保意识影响产品需求的函数形式，文中假设 t 时刻需求与产品减排量、低碳声誉、制造商减排努力以及制造服务商研发努力呈线性关系，则需求函数如下所示：

$$D(t) = D_0 + \alpha G(t) + \beta R(t) + \sigma E_M(t) + \omega E_A(t) \tag{6-5}$$

其中初始时刻产品的市场需求为 $D(0) = D_0 \geqslant 0$。

第三节 分散决策模型

本节采用逆向归纳法研究在非合作博弈情况下，制造商主导的 Stackelberg 博弈情形，假设制造商作为供应链上核心企业，在产品减排及研发决策中充当领导者角色，而制造服务商作为跟随者，制造商对其的低碳研发投资予以支持，为其支付一定比例的研发成本。考虑到制造商与制造服务商会采取不同的长/短视策略，本节分四种情况分别探讨其成本供给决策对整个供应链系统的影响。

一、短视供应链情境

主要探讨当供应链上制造商和制造服务商都选择短视策略时，成本分配的供给决策及双方利润的变化情况。当博弈者选择短视策略时，其在进行相关决策时仅仅关注眼前的短期利益，而忽视了决策对于供应链运作乃至市场需求方面的影响。在这种情况下，制造商和制造服务商的目标函数可以表达为：

$$\Pi_M = \int_0^\infty e^{-\rho t} \left\{ J_M D(t) - \frac{\mu}{2} E_M^2(t) - \varphi(t) \frac{\eta}{2} E_A^2(t) \right\} dt$$

$$\Pi_A = \int_0^\infty e^{-\rho t} \left\{ J_A D(t) - [1 - \varphi(t)] \frac{\eta}{2} E_A^2(t) \right\} dt \tag{6-6}$$

因此，当供应商和制造商同时忽视包括产品减排量和低碳声誉在内的双重动态博弈关系，即选择短视策略时，二者的目标函数可以表达为：

$$\max_{E_M \geqslant 0,\, \varphi \geqslant 0} \left\{ J_M [D_0 + \alpha G(t) + \beta R(t) + \sigma E_M(t) + \omega E_A(t)] - \frac{\mu}{2} E_M^2(t) \right.$$
$$\left. - \varphi(t) \frac{\eta}{2} E_A^2(t) \right\}$$

$$\max_{E_A \geqslant 0} \left\{ J_A [D_0 + \alpha G(t) + \beta R(t) + \sigma E_M(t) + \omega E_A(t)] \right.$$
$$\left. - [1 - \varphi(t)] \frac{\eta}{2} E_A^2(t) \right\} \tag{6-7}$$

其中 $G(0) = G_0 \geqslant 0$，$A(0) = A_0 \geqslant 0$。制造商和制造服务商寻求最优减排策略的过程构成了双人微分博弈，二者的最优减排及研发行动由反馈策略决定。由于制造服务商是 Stackelberg 博弈中的跟随者，则其反馈策略，即低碳研发努力程度将会被首先计算。由于动态参数条件下求解解析解的困难，文中借鉴 Plambeck(2012)[105] 的处理，假设模型中所有参数 J_M，J_A，μ，η，θ，δ，α，β，σ，ω，γ，λ 都是与时间无关的常数，且博弈在无限时区的任何时段内，参与人面对的是相同的博弈，因此可将策略限制在静态策略，即制造商和制造服务商的减排和研发策略分别表示为 $E_M(t)$，$\varphi(t)$，$E_A(t)$，其均衡为静态反馈均衡（为简化书写，下文不再列出时间 t）。此时制造服务商的低碳研发努力程度表达为制造商减排努力程度以及成本分配系数的函数。由于在此情境中，供应商和制造商都是短视的，因此将上式对 E_A 求偏导并使之等于 0，则供应商减排努力程度的函数表达为：

$$E_A = \frac{J_A \omega}{(1 - \varphi) \eta} \tag{6-8}$$

在此基础上，将制造服务商的低碳研发努力程度表达式代入制造商的目标函数中，依次对制造商的减排努力程度和成本分配函数求偏导，并使之等于 0。由此可得制造商的最优减排努力程度和成本分配比例为：

$$E_M = \frac{J_M \sigma}{\mu}, \quad \varphi = \frac{2 J_M - J_A}{2 J_M + J_A} \tag{6-9}$$

将制造商最优成本分配函数代入制造服务商的低碳研发努力程度,则可知在制造商和制造服务商都为短视的情况下,双方的最优策略如命题1所示。

命题1 在以制造商为主导者,制造服务商为跟随者的Stackelberg博弈中,当双方都选择短视策略时,制造商最优减排努力程度和最优成本补贴系数,制造服务商最优低碳研发努力程度为:

$$E_A^* = \frac{\omega(2J_M + J_A)}{2\eta}$$

$$E_M^* = \frac{J_M \sigma}{\mu}$$

$$\varphi^* = \frac{2J_M - J_A}{2J_M + J_A} \tag{6-10}$$

如命题1所示,在制造商和制造服务商都为短视的情况下,双方的最优策略并不依赖产品减排量和低碳声誉这两个状态变量,而是一个静态的固定值,并不随时间的变化而产生相应的变化。

二、长视供应链情境

本节主要探讨当供应链上制造商选择长视策略,且制造服务商也选择长视策略时,成本分配的供给决策及双方利润的变化情况。当博弈者双方均选择长视策略时,他们在进行相关决策时并不是仅关注眼前利益,而是充分考虑自己的决策对于供应链整体运作以及市场需求的长远影响。在这种情况下,长视博弈者的目标函数会受到状态变量产品减排量和低碳声誉的约束,则制造商和制造服务商的目标函数可以表达为:

$$\max_{E_M \geqslant 0, \varphi \geqslant 0} \int_0^\infty e^{-\rho t} \Big\{ J_M [D_0 + \alpha G(t) + \beta R(t) + \sigma E_M(t) + \omega E_A(t)]$$

$$- \frac{\mu}{2} E_M^2(t) - \varphi(t) \frac{\eta}{2} E_A^2(t) \Big\} dt$$

$$\max_{E_A \geqslant 0} \int_0^\infty e^{-\rho t} \Big\{ J_A [D_0 + \alpha G(t) + \beta R(t) + \sigma E_M(t) + \omega E_A(t)]$$

$$- [1 - \varphi(t)] \frac{\eta}{2} E_A^2(t) \Big\} dt$$

$$s.t. \dot{G}(t) = \theta E_M(t) - \gamma G(t), \dot{R}(t) = \delta E_A(t) - \lambda R(t) \tag{6-11}$$

令 t 时刻之后制造商和制造服务商的总利润当值最优值函数为 V_M，V_A，则 V_M，V_A 对于所有的 $G \geqslant 0$，$R \geqslant 0$ 都必须满足如下 HJB 方程组：

$$\rho V_M = \max_{E_M \geqslant 0, \varphi \geqslant 0} [J_M(D_0 + \alpha G + \beta R + \sigma E_M + \omega E_A) - \frac{\mu}{2}E_M^2 -$$

$$\varphi \frac{\eta}{2} E_A^2 + V'_{MG}(\theta E_M - \gamma G) + V'_{MR}(\delta E_A - \lambda R)]$$

$$\rho V_A = \max_{E_A \geqslant 0} [J_A(D_0 + \alpha G + \beta R + \sigma E_M + \omega E_A) - (1-\varphi)\frac{\eta}{2}E_A^2$$

$$+ V'_{AG}(\theta E_M - \gamma G) + V'_{AR}(\delta E_A - \lambda R)] \quad (6-12)$$

与前述计算过程相同，我们首先对制造服务商的目标函数求偏导并使之等于 0，计算出其最优反馈策略 E_A 如下所示：

$$E_A = \frac{J_A \omega + V'_{AR}\delta}{(1-\varphi)\eta} \quad (6-13)$$

在此基础上，将制造服务商的低碳研发努力程度表达式代入制造商的目标函数中，依次对制造商的减排努力程度和成本分配函数求偏导，并使之等于 0。由此可得制造商的最优减排努力程度和成本分配比例为：

$$E_M = \frac{J_M \sigma + V'_{MG}\theta}{\mu}, \quad \varphi = \frac{(2J_M - J_A)\omega + (2V'_{MR} - V'_{AR})\delta}{(2J_M + J_A)\omega + (2V'_{MR} + V'_{AR})\delta} \quad (6-14)$$

根据本节模型设置的结构可知，制造商和制造服务商的总利润当值最优值函数 V_M，V_A 应为以 G，R 为自变量的二元一次方程，因此我们假设该函数的一般形式为：

$$V_M(G, R) = z_1 G + z_2 R + z_3$$
$$V_A(G, R) = z_4 G + z_5 R + z_6 \quad (6-15)$$

由此可知 $V'_{MG}=z_1$，$V'_{MR}=z_2$，$V'_{AG}=z_4$，$V'_{AR}=z_5$。将上述最优 E_A，E_M，φ 以及 V'_{MG}，V'_{MR}，V'_{AG}，V'_{AR} 代入 HJB 方程可得：

$$\rho(z_1 G + z_2 R + z_3) = (\alpha J_M - \gamma z_1)G + (\beta J_M - \lambda z_2)R + z_3$$
$$\rho(z_4 G + z_5 R + z_6) = (\alpha J_M - \gamma z_4)G + (\beta J_M - \lambda z_5)R + z_6 \quad (6-16)$$

对比等式左右可知：

$$z_1 = \frac{\alpha J_M}{\rho + \gamma}, \quad z_2 = \frac{\beta J_M}{\rho + \lambda}, \quad z_4 = \frac{\alpha J_A}{\rho + \gamma}, \quad z_5 = \frac{\beta J_A}{\rho + \lambda} \quad (6-17)$$

将 z_1, z_2, z_4, z_5 代入制造商和制造服务商的最优策略,则可知在制造商和制造服务商均为长视的情况下,双方的最优策略如命题 2 所示。

命题 2 在以制造商为主导者,制造服务商为跟随者的 Stackelberg 博弈中,当制造商和制造服务商均选择长视策略时,制造商最优减排努力程度和最优成本补贴系数,制造服务商最优低碳研发努力程度为:

$$E_A^* = \frac{[\beta\delta + (\rho+\lambda)\omega](2J_M + J_A)}{2\eta(\rho+\lambda)}$$

$$E_M^* = \frac{J_M[\alpha\theta + \sigma(\rho+\gamma)]}{\mu(\rho+\gamma)}$$

$$\varphi^* = \frac{2J_M - J_A}{2J_M + J_A} \tag{6-18}$$

如命题 2 所示,当制造商为长视时,其最优减排努力程度和成本补贴系数均依赖状态变量,随时间变化而产生变化。当 $t \to +\infty$ 时,伴随着状态变量趋于稳定,制造商的减排策略和成本补贴策略达到最优。同样地,当制造服务商为长视时,其最优低碳研发努力程度依赖状态变量,随时间变化而产生变化。当 $t \to +\infty$ 时,伴随着状态变量趋于稳定,制造服务商的低碳研发策略达到最优。

三、策略对比

由上节可知,依据所选择行为的不同,制造商和制造服务商的策略初衷可分为长视和短视两种,进而组成了两种不同的博弈情境。本节将对两种情境下制造商和制造服务商的最优策略进行比较分析,制造商和制造服务商在两种情境下的最优策略如表 6-2 所示。

表 6-2 制造商与制造服务商最优策略

	制造商	制造服务商
短视制造商 —短视制造服务商 (记为 MY 情境)	$E_M^{*MY} = \dfrac{J_M \sigma}{\mu}$ $\varphi^{*MY} = \dfrac{2J_M - J_A}{2J_M + J_A}$	$E_A^{*MY} = \dfrac{\omega(2J_M + J_A)}{2\eta}$

(续表)

	制造商	制造服务商
长视制造商—长视制造服务商（记为 FA 情境）	$E_M^{*FA} = \dfrac{J_M[\alpha\theta+\sigma(\rho+\gamma)]}{\mu(\rho+\gamma)}$ $\varphi^{*FA} = \dfrac{2J_M-J_A}{2J_M+J_A}$	$E_A^{*FA} = \dfrac{[\beta\delta+(\rho+\lambda)\omega](2J_M+J_A)}{2\eta(\rho+\lambda)}$

对比以上情境中制造商和制造服务商关于减排努力程度、成本分配系数和低碳研发努力程度的最优策略，可以得到以下三个定理：

定理 6-1 长视情境中，制造服务商所投入的低碳研发成本高于其在短视情境中所投入的成本，即 $E_A^{*FA} > E_A^{*MY}$。

定理 6-1 分别对比了不同类型的制造服务商低碳研发投入成本的策略。对比情境 MY 和情境 FA 可知，制造服务商的努力程度差额为 $E_A^{*FA} - E_A^{*MY} = \dfrac{[\beta\delta+(\rho+\lambda)\omega](2J_M+J_A)}{2\eta(\rho+\lambda)} - \dfrac{\omega(2J_M+J_A)}{2\eta} = \dfrac{\beta\delta(2J_M+J_A)}{2\eta(\rho+\lambda)} > 0$。由此可知，长视情境下，制造服务商的低碳研发投入比短视情境下高，即 $E_A^{*FA} > E_A^{*MY}$。

定理 6-2 长视情境中，制造商所投入的低碳研发成本高于其在短视情境中所投入的成本，即 $E_M^{*FA} > E_M^{*MY}$。

定理 6-2 分别对比了不同类型的制造商低碳研发投入成本的策略。对比情境 MY 和情境 FA 可知，制造商的努力程度差额为 $E_M^{*FA} - E_M^{*MY} = \dfrac{J_M[\alpha\theta+\sigma(\rho+\gamma)]}{\mu(\rho+\gamma)} - \dfrac{J_M\sigma}{\mu} = \dfrac{\alpha\theta J_M}{\mu(\rho+\gamma)} > 0$。由此可知，长视情境下，制造商的低碳研发投入比短视情境下高，即 $E_M^{*FA} > E_M^{*MY}$。

定理 6-3 当供应链由同一类型的成员企业组成时，即制造商和制造服务商均为短视或均为长视时，制造商所决策的成本分配系数相同，即 $\varphi^{*MY} = \varphi^{*FA}$。

定理 6-3 分别对比了面对不同类型的下游制造服务商时，制造商选择长视/短视策略对其成本分配系数的影响。由表 6-2 可知，情境 MY 和情境 FA 中制造商的成本分配系数相同，即 $\varphi^{*MY} = \dfrac{2J_M-J_A}{2J_M+J_A} = \varphi^{*FA}$。综合以上结果可知，当供应链上合作伙伴同时为短视和同时为长视时，制造商的成本分配系数相同。

第四节 集中决策模型

一、短视供应链情境

本节主要探讨当供应链上制造商和制造服务商都选择短视策略时,集中决策下供应链的整体收益情况。此时供应链整体的目标利润函数为:

$$\Pi_T = \max_{E_M \geq 0, \varphi \geq 0, E_A \geq 0} \left\{ (J_M + J_A)[D_0 + \alpha G(t) + \beta R(t) + \sigma E_M(t) + \omega E_A(t)] - \frac{\mu}{2} E_M^2(t) - \frac{\eta}{2} E_A^2(t) \right\} \quad (6-19)$$

因为在本情境下,制造商和制造服务商都为短视的,因此无需考虑二者的当值最优值函数以及 HJB 方程。将上式依次对 E_M, E_A 求偏导并使之等于 0 可得:

$$E_M^* = \frac{\sigma(J_M + J_A)}{\mu}$$

$$E_A^* = \frac{\omega(J_M + J_A)}{\eta} \quad (6-20)$$

将制造商与制造服务商的最优努力程度代入集中决策下供应链整体的目标利润函数可知,当供应链由短视制造商与短视制造服务商组成时,其整体收益为:

$$\Pi_T = (J_M + J_A)(D_0 + \alpha G + \beta R) + \frac{\sigma^2 (J_M + J_A)^2}{2\mu} + \frac{\omega^2 (J_M + J_A)^2}{2\eta} \quad (6-21)$$

其中 G, R 为状态变量,随时间的变化而不断变化,其稳定状态为 $G_{SS} = \frac{\theta}{\gamma} E_M^*$, $R_{SS} = \frac{\delta}{\lambda} E_A^*$。因此在短视供应链集中决策情境中,供应链整体的最大收益为:

$$\Pi_T^* = (J_M + J_A)\left[D_0 + \frac{\alpha\theta\sigma(J_M + J_A)}{\gamma\mu} + \frac{\beta\delta\omega(J_M + J_A)}{\lambda\eta}\right]$$
$$+ \frac{\sigma^2(J_M + J_A)^2}{2\mu} + \frac{\omega^2(J_M + J_A)^2}{2\eta} \tag{6-22}$$

二、长视供应链情境

本节主要探讨当供应链上制造商和制造服务商都选择长视策略时，集中决策下供应链的整体收益情况。因为在本情境下，制造商和制造服务商都为长视的，因此需要考虑二者的当值最优值函数以及 HJB 方程，则此时供应链整体的目标利润函数为：

$$\Pi_T = \max_{E_M \geqslant 0,\, \varphi \geqslant 0,\, E_A \geqslant 0} \int_0^\infty e^{-\rho t}\Big\{(J_M + J_A)[D_0 + \alpha G(t) + \beta R(t) + \sigma E_M(t) + \omega E_A(t)]$$
$$- \frac{\mu}{2}E_M^2(t) - \frac{\eta}{2}E_A^2(t)\Big\}\mathrm{d}t$$
$$s.t.\ \dot{G}(t) = \theta E_M(t) - \gamma G(t),\ \dot{R}(t) = \delta E_A(t) - \lambda R(t) \tag{6-23}$$

令 t 时刻之后制造商和制造服务商的总利润当值最优值函数为 V_T，则 V_T 对于所有的 $G \geqslant 0,\ R \geqslant 0$ 都必须满足如下 HJB 方程：

$$\rho V_T = \max_{E_M \geqslant 0,\, \varphi \geqslant 0,\, E_A \geqslant 0} \Big\{(J_M + J_A)[D_0 + \alpha G(t) + \beta R(t) + \sigma E_M(t) + \omega E_A(t)]$$
$$- \frac{\mu}{2}E_M^2(t) - \frac{\eta}{2}E_A^2(t) + V'_{TG}(\theta E_M - \gamma G) + V'_{TR}(\delta E_A - \lambda R)\Big\}$$
$$\tag{6-24}$$

将上式依次对 E_M，E_A 求偏导并使之等于 0 可得：

$$E_M^* = \frac{\sigma(J_M + J_A) + \theta V'_{TG}}{\mu}$$
$$E_A^* = \frac{\omega(J_M + J_A) + \delta V'_{TR}}{\eta} \tag{6-25}$$

根据本节模型设置的结构可知，供应链整体的总利润当值最优值函数 V_T 应为以 G,R 为自变量的二元一次方程，因此我们假设该函数的一般形式为：

$$V_T(G, R) = s_1 G + s_2 R + s_3 \qquad (6-26)$$

由此可知 $V'_{TG} = s_1$, $V'_{TR} = s_2$。将上述最优 E_M, E_A 以及 V'_{TG}, V'_{TR} 代入 HJB 方程可得:

$$\rho(s_1 G + s_2 R + s_3) = [\alpha(J_M + J_A) - \gamma s_1] G + [\beta(J_M + J_A) - \lambda s_2] R \\ + (J_M + J_A) D_0 + \frac{[\sigma(J_M + J_A) + \theta s_1]^2}{2\mu} \\ + \frac{[\omega(J_M + J_A) + \delta s_2]^2}{2\eta} \qquad (6-27)$$

对比等式左右可知:

$$s_1 = \frac{\alpha(J_A + J_M)}{\rho + \gamma}, \quad s_2 = \frac{\beta(J_A + J_M)}{\rho + \lambda}$$

$$s_3 = (J_M + J_A) D_0 + \frac{[\sigma(J_M + J_A) + \theta s_1]^2}{2\mu} + \frac{[\omega(J_M + J_A) + \delta s_2]^2}{2\eta}$$

$$(6-28)$$

将 s_1, s_2, s_3 代入制造商和制造服务商的最优策略以及供应链整体收益,则可知在制造商和制造服务商均为长视的情况下,双方最优努力程度为:

$$E_M^* = \frac{[\sigma(\rho + \gamma) + \alpha\theta](J_A + J_M)}{(\rho + \gamma)\mu}$$

$$E_A^* = \frac{[\omega(\rho + \lambda) + \beta\delta](J_A + J_M)}{(\rho + \lambda)\eta} \qquad (6-29)$$

将 E_M^*, E_A^* 代入供应链整体收益函数可得:

$$V_T = \frac{\alpha(J_M + J_A)}{\rho + \gamma} G + \frac{\beta(J_M + J_A)}{\rho + \lambda} R + \frac{(J_M + J_A) D_0}{\rho} \\ + \left(\sigma + \frac{\alpha\theta}{\rho + \gamma}\right)^2 \frac{(J_M + J_A)^2}{2\rho\mu} + \left(\omega + \frac{\beta\delta}{\rho + \lambda}\right)^2 \frac{(J_M + J_A)^2}{2\rho\eta}$$

$$(6-30)$$

其中 G, R 为状态变量,随时间的变化而不断变化,其稳定状态为 $G_{SS} = \frac{\theta}{\gamma} E_M^*$, $R_{SS} = \frac{\delta}{\lambda} E_A^*$。因此在长视供应链集中决策情境中,供应链整体的最大收益为:

$$\Pi_T^* = \frac{\alpha\theta[\sigma(\rho+\gamma)+\alpha\theta](J_A+J_M)^2}{(\rho+\gamma)^2\gamma\mu} + \frac{\beta\delta[\omega(\rho+\lambda)+\beta\delta](J_A+J_M)^2}{(\rho+\lambda)^2\lambda\eta}$$

$$+ \frac{(J_M+J_A)D_0}{\rho} + \left(\sigma+\frac{\alpha\theta}{\rho+\gamma}\right)^2 \frac{(J_M+J_A)^2}{2\rho\mu}$$

$$+ \left(\omega+\frac{\beta\delta}{\rho+\lambda}\right)^2 \frac{(J_M+J_A)^2}{2\rho\eta} \tag{6-31}$$

三、策略对比

由上节可知,依据所选择行为的不同,集中决策下供应链整体的策略初衷可分为长视和短视两种博弈情境。本节对两种情境下制造商和制造服务商的最优策略以及供应链整体收益进行比较分析,最优策略如表6-3所示。

表6-3 集中决策下供应链最优策略及收益

	供应链最优策略及收益
短视情境 (记为 MY 情境)	$E_M^{*MY} = \dfrac{\sigma(J_M+J_A)}{\mu}$, $E_A^{*MY} = \dfrac{\omega(J_M+J_A)}{\eta}$ $\Pi_T^{*MY} = (J_M+J_A)\left[D_0 + \dfrac{\alpha\theta\sigma(J_M+J_A)}{\gamma\mu} + \dfrac{\beta\delta\omega(J_M+J_A)}{\lambda\eta}\right] + \dfrac{\sigma^2(J_M+J_A)^2}{2\mu} + \dfrac{\omega^2(J_M+J_A)^2}{2\eta}$
长视情境 (记为 FA 情境)	$E_M^{*FA} = \dfrac{[\sigma(\rho+\gamma)+\alpha\theta](J_A+J_M)}{(\rho+\gamma)\mu}$, $E_A^{*FA} = \dfrac{[\omega(\rho+\lambda)+\beta\delta](J_A+J_M)}{(\rho+\lambda)\eta}$ $\Pi_T^{*FA} = \dfrac{\alpha\theta[\sigma(\rho+\gamma)+\alpha\theta](J_A+J_M)^2}{(\rho+\gamma)^2\gamma\mu} + \dfrac{\beta\delta[\omega(\rho+\lambda)+\beta\delta](J_A+J_M)^2}{(\rho+\lambda)^2\lambda\eta} + \dfrac{(J_M+J_A)D_0}{\rho} + \left(\sigma+\dfrac{\alpha\theta}{\rho+\gamma}\right)^2\dfrac{(J_M+J_A)^2}{2\rho\mu} + \left(\omega+\dfrac{\beta\delta}{\rho+\lambda}\right)^2\dfrac{(J_M+J_A)^2}{2\rho\eta}$

对比以上情境中制造商和制造服务商关于减排努力程度和低碳研发努力程度的最优策略以及供应链最大收益,若令:

$$\Gamma = \frac{1-\rho}{\rho}(J_A+J_M)D_0 + \frac{(J_A+J_M)^2}{\mu}\left\{\frac{(1-\rho)\sigma^2}{2\rho} + \frac{\alpha\theta\sigma[\gamma+\rho(1-\rho-\gamma)]}{\rho\gamma(\rho+\gamma)}\right.$$

$$\left. + \frac{\alpha^2\theta^2(2\rho+\gamma)}{2\rho\gamma(\rho+\gamma)^2}\right\} + \frac{(J_A+J_M)^2}{\eta}\left\{\frac{(1-\rho)\omega^2}{2\rho} + \frac{\beta\delta\omega[\lambda+\rho(1-\rho-\lambda)]}{\rho\lambda(\rho+\lambda)}\right.$$

$$\left. + \frac{\beta^2\delta^2(2\rho+\lambda)}{2\rho\lambda(\rho+\lambda)^2}\right\} \tag{6-32}$$

可以得到以下三个定理：

定理 6-4 集中决策下，长视供应链中制造商的减排努力程度高于短视供应链，即 $E_M^{*FA} > E_M^{*MY}$。

定理 6-4 对比了长视和短视供应链中，制造商对于减排努力的投入程度。对比两种情境的制造商减排努力程度可知 $E_M^{*FA} = \frac{[\sigma(\rho+\gamma)+\alpha\theta](J_A+J_M)}{(\rho+\gamma)\mu} = E_M^{*MY} + \frac{\alpha\theta(J_A+J_M)}{(\rho+\gamma)\mu}$，由参数设定可知 $\frac{\alpha\theta(J_A+J_M)}{(\rho+\gamma)\mu} > 0$，因此 $E_M^{*FA} > E_M^{*MY}$。

定理 6-5 集中决策下，长视供应链中制造服务商的低碳研发努力程度高于短视供应链，即 $E_A^{*FA} > E_A^{*MY}$。

定理 6-5 对比了长视和短视供应链中，制造服务商对于低碳研发努力的投入程度。对比两种情境的制造服务商低碳研发努力程度可知 $E_A^{*FA} = \frac{[\omega(\rho+\lambda)+\beta\delta](J_A+J_M)}{(\rho+\lambda)\eta} = E_A^{*MY} + \frac{\beta\delta(J_A+J_M)}{(\rho+\lambda)\eta}$，由参数设定可知 $\frac{\beta\delta(J_A+J_M)}{(\rho+\lambda)\eta} > 0$，因此 $E_A^{*FA} > E_A^{*MY}$。

定理 6-6 集中决策下，当 $\Gamma > 0$ 时，长视供应链的整体收益高于短视供应链，即 $\Pi_T^{*FA} > \Pi_T^{*MY}$；反之当 $\Gamma < 0$ 时，短视供应链的整体收益高于长视供应链，即 $\Pi_T^{*MY} > \Pi_T^{*FA}$。

定理 6-6 对比了长视和短视供应链的整体收益情况。对比情境 MY 和情境 FA 可知，令

$$\Gamma = \Pi_T^{FA} - \Pi_T^{MY}$$
$$= \frac{\alpha\theta[\sigma(\rho+\gamma)+\alpha\theta](J_A+J_M)^2}{(\rho+\gamma)^2\gamma\mu} + \frac{\beta\delta[\omega(\rho+\lambda)+\beta\delta](J_A+J_M)^2}{(\rho+\lambda)^2\lambda\eta}$$

$$+\frac{(J_M+J_A)D_0}{\rho}+\left(\sigma+\frac{\alpha\theta}{\rho+\gamma}\right)^2\frac{(J_M+J_A)^2}{2\rho\mu}+\left(\omega+\frac{\beta\delta}{\rho+\lambda}\right)^2$$

$$\frac{(J_M+J_A)^2}{2\rho\eta}-\frac{\sigma^2(J_M+J_A)^2}{2\mu}-\frac{\omega^2(J_M+J_A)^2}{2\eta}$$

$$-(J_M+J_A)\left[D_0+\frac{\alpha\theta\sigma(J_M+J_A)}{\gamma\mu}+\frac{\beta\delta\omega(J_M+J_A)}{\lambda\eta}\right]$$

$$=\frac{1-\rho}{\rho}(J_A+J_M)D_0+\frac{(J_A+J_M)^2}{\mu}\left\{\frac{(1-\rho)\sigma^2}{2\rho}+\right.$$

$$\left.\frac{\alpha\theta\sigma[\gamma+\rho(1-\rho-\gamma)]}{\rho\gamma(\rho+\gamma)}+\frac{\alpha^2\theta^2(2\rho+\gamma)}{2\rho\gamma(\rho+\gamma)^2}\right\}+\frac{(J_A+J_M)^2}{\eta}$$

$$\left\{\frac{(1-\rho)\omega^2}{2\rho}+\frac{\beta\delta\omega[\lambda+\rho(1-\rho-\lambda)]}{\rho\lambda(\rho+\lambda)}+\frac{\beta^2\delta^2(2\rho+\lambda)}{2\rho\lambda(\rho+\lambda)^2}\right\} \quad (6\text{-}33)$$

则当 $\Gamma>0$ 时可得 $\Pi_T^{*FA}>\Pi_T^{*MY}$，反之当 $\Gamma<0$ 时可得 $\Pi_T^{*MY}>\Pi_T^{*FA}$。

第五节 收益分配及其动态稳定性分析

一、收益分配结果

本章中，假设供应链由两个节点企业组成，考虑到制造商和制造服务商在供应链合作中的地位并不相同，则其对于集中决策下的合作收益的贡献也并不相同，因此采用 Shapley 值法对于合作收益进行分配。

1. 短视供应链收益分配

由本章第四节可知，集中决策下，在制造商与制造服务商双方均为短视时，供应链整体的收益为：

$$\Pi_T^{*MY}=(J_M+J_A)\left[D_0+\frac{\alpha\theta\sigma(J_M+J_A)}{\gamma\mu}+\frac{\beta\delta\omega(J_M+J_A)}{\lambda\eta}\right]$$

$$+\frac{\sigma^2(J_M+J_A)^2}{2\mu}+\frac{\omega^2(J_M+J_A)^2}{2\eta} \quad (6\text{-}34)$$

与此同时，由本章第三节可知，分散决策下，短视制造商与制造服务商的最优策略为：

$$E_A^{*MY} = \frac{\omega(2J_M + J_A)}{2\eta}$$

$$E_M^{*MY} = \frac{J_M \sigma}{\mu}$$

$$\varphi^{*MY} = \frac{2J_M - J_A}{2J_M + J_A} \tag{6-35}$$

将以上最优策略分别代入制造商与制造服务商的目标函数,可得分散决策下,二者的收益分别为:

$$\Pi_M^{*MY} = J_M(D_0 + \alpha G + \beta R) + \frac{J_M^2 \sigma^2}{2\mu} + \frac{\omega^2(2J_M + J_A)^2}{8\eta}$$

$$\Pi_A^{*MY} = J_A\left(D_0 + \alpha G + \beta R + \frac{J_M \sigma^2}{\mu}\right) + \frac{\omega^2(2J_M + J_A)J_A}{4\eta} \tag{6-36}$$

根据以上计算,可得集中决策下短视供应链整体收益,以及分散决策下短视制造商与短视制造服务商各自的收益,由此可知二者加入联盟而给该联盟带来的边际收益。根据 Shapley 值公式可知,在集中决策下,短视制造商与短视制造服务商所应分得的收益依次为:

$$x_M^{MY} = \frac{(2-1)!\ (1-1)!}{2!}\Pi_M^{*MY} + \frac{(2-2)!\ (2-1)!}{2!}(\Pi_T^{*MY} - \Pi_A^{*MY})$$

$$= \frac{1}{2}(\Pi_M^{*MY} + \Pi_T^{*MY} - \Pi_A^{*MY})$$

$$x_A^{MY} = \frac{(2-1)!\ (1-1)!}{2!}\Pi_A^{*MY} + \frac{(2-2)!\ (2-1)!}{2!}(\Pi_T^{*MY} - \Pi_M^{*MY})$$

$$= \frac{1}{2}(\Pi_A^{*MY} + \Pi_T^{*MY} - \Pi_M^{*MY}) \tag{6-37}$$

2. 长视供应链收益分配

由本章第四小节可知,集中决策下,在制造商与制造服务商双方均为长视时,供应链整体的收益为:

$$\Pi_T^{*FA} = \frac{\alpha\theta[\sigma(\rho+\gamma) + \alpha\theta](J_A + J_M)^2}{(\rho+\gamma)^2 \gamma \mu} +$$

$$\frac{\beta\delta[\omega(\rho+\lambda) + \beta\delta](J_A + J_M)^2}{(\rho+\lambda)^2 \lambda \eta} + \frac{(J_M + J_A)D_0}{\rho} +$$

$$\left(\sigma+\frac{\alpha\theta}{\rho+\gamma}\right)^2\frac{(J_M+J_A)^2}{2\rho\mu}+\left(\omega+\frac{\beta\delta}{\rho+\lambda}\right)^2\frac{(J_M+J_A)^2}{2\rho\eta}$$

(6-38)

与此同时，由本章第三小节可知，分散决策下，长视制造商与制造服务商的最优策略为：

$$E_A^{*FA}=\frac{(\rho+\lambda)[2\omega(J_A+J_M)-1]+2\beta\delta(J_M+J_A)}{2\eta(\rho+\lambda)}$$

$$E_M^{*FA}=\frac{J_M[\alpha\theta+\sigma(\rho+\gamma)]}{\mu(\rho+\gamma)}$$

$$\varphi^{*FA}=\frac{(\rho+\lambda)(2\omega J_M-1)+2\beta\delta J_M}{(\rho+\lambda)[2\omega(J_M+J_A)-1]+2\beta\delta(J_M+J_A)} \quad (6\text{-}39)$$

将以上最优策略分别代入制造商与制造服务商的目标函数，可得分散决策下，二者的收益分别为：

$$\Pi_M^{*FA}=J_M D_0+\frac{\rho\alpha J_M}{\rho+\gamma}G+\frac{\rho\beta J_M}{\rho+\lambda}R+\frac{[\alpha\theta+\sigma(\rho+\gamma)]^2 J_M^2}{2\mu(\rho+\gamma)^2}$$

$$+\frac{\{(\rho+\lambda)[2\omega(J_A+J_M)-1]+2\beta\delta(J_A+J_M)\}[2\beta\delta J_M+(\rho+\lambda)(2\omega J_M+1)]}{8\eta(\rho+\lambda)^2}$$

$$\Pi_A^{*FA}=J_A D_0+\frac{\rho\alpha J_A}{\rho+\gamma}G+\frac{\rho\beta J_A}{\rho+\lambda}R+\frac{[\alpha\theta+\sigma(\rho+\gamma)]^2 J_A J_M}{\mu(\rho+\gamma)^2}$$

$$+\frac{\{[\omega(\rho+\lambda)+\delta\beta][2\omega(J_A+J_M)-1]+2\beta\delta\omega(J_M+J_A)\}J_A}{4\eta(\rho+\lambda)}$$

(6-40)

根据以上计算，可得集中决策下长视供应链整体收益，以及分散决策下长视制造商与长视制造服务商各自的收益，由此可知二者加入联盟而给该联盟带来的边际收益。根据 Shapley 值公式可知，在集中决策下，长视制造商与长视制造服务商所应分得的收益依次为：

$$x_M^{FA}=\frac{(2-1)!\ (1-1)!}{2!}\Pi_M^{*FA}+\frac{(2-2)!\ (2-1)!}{2!}(\Pi_T^{*FA}-\Pi_A^{*FA})$$

$$=\frac{1}{2}(\Pi_M^{*FA}+\Pi_T^{*FA}-\Pi_A^{*FA})$$

$$x_A^{FA} = \frac{(2-1)!\ (1-1)!}{2!} \Pi_A^{*FA} + \frac{(2-2)!\ (2-1)!}{2!} (\Pi_T^{*FA} - \Pi_M^{*FA})$$

$$= \frac{1}{2} (\Pi_A^{*FA} + \Pi_T^{*FA} - \Pi_M^{*FA}) \tag{6-41}$$

二、分配结果数值模拟

本节将对两种情境下制造商和制造服务商的成本分配结果进行数值模拟分析。为保持研究的连贯性,本节仍使用江苏省F公司及其下游广告服务商的相关运营数据,令制造商的减排努力成本系数为$\mu=5$,制造服务商的低碳研发努力成本系数为$\eta=3$。制造商的减排努力对于产品减排量的影响系数为$\theta=0.7$,减排量的初始值为$G(0)=0$,自然衰减系数为$\gamma=0.6$。制造服务商的低碳研发努力对于产品低碳声誉的影响系数为$\delta=0.3$,低碳声誉的初始值为$R(0)=0$,自然衰减系数为$\lambda=0.5$。市场需求相关系数依次为$D_0=20$,$\alpha=0.8$,$\beta=0.6$,$\sigma=0.4$,$\omega=0.5$。制造商与制造服务商的边际收益为$J_M=8$,$J_A=7$,折现率$\rho=0.1$。在此基础上,本节采用Matlab R2015b进行数值仿真及绘图。

1. 收益分配结果对比

图6-2和图6-3分别刻画了短视情境和长视情境中,集中决策和分散决策下,制造商和制造服务商的利润变化情况。由图可知,对于供应链整体利润来讲,无论是短视情境还是长视情境,集中决策下的供应链整体利润均高于分散决策下制造商和制造服务商二者的利润加总。对比两种情境可知,长视情境中供应链整体以及博弈双方所获得的利润均高于短视情境。

图6-2刻画了短视情境中,制造商和制造服务商在自己单干或组成合作联盟并使用Shapley值法分配收益的情况下,最终获得的利润。由图可知,短视制造商自己单干所获得的利润始终低于其通过和短视制造服务商合作并采用Shapley值法分配而获得的收益。同时,短视制造服务商自己单干所获得的利润始终低于其通过和短视制造商合作并采用Shapley值法分配而获得的收益。

图6-3刻画了长视情境中,制造商和制造服务商在自己单干或组成合作联盟并使用Shapley值法分配收益的情况下,最终获得的利润。由图可知,

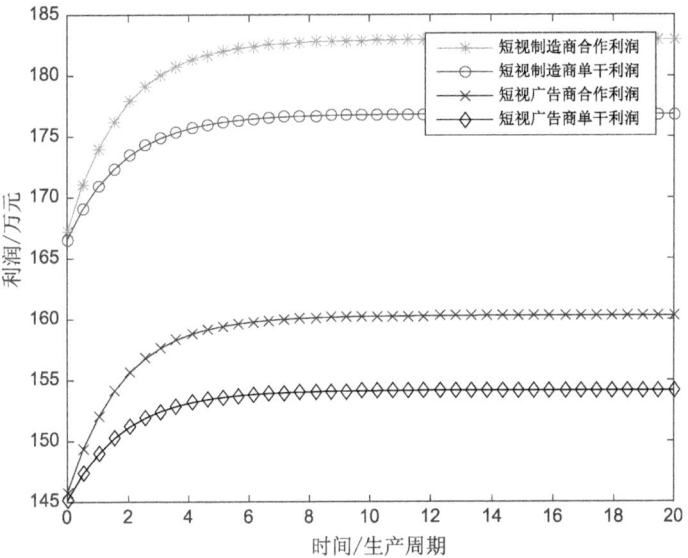

图 6-2　短视情境下双方利润变化

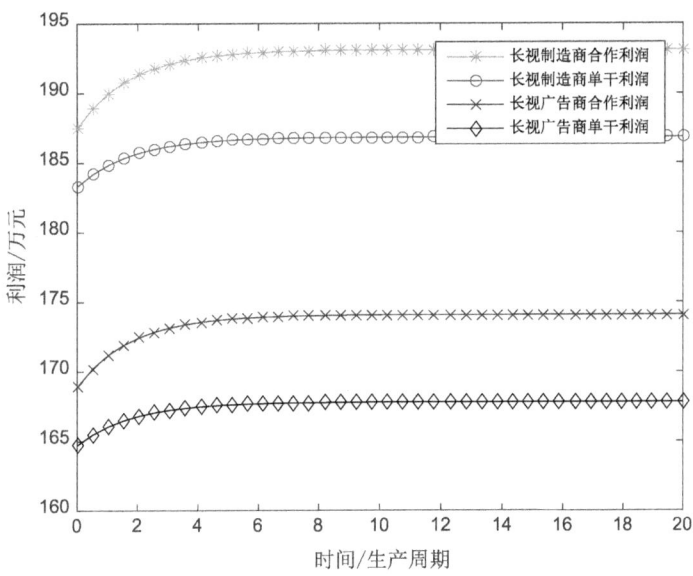

图 6-3　长视情境下双方利润变化

与短视情境类似,长视制造商自己单干所获得的利润始终低于其通过和长视制造服务商合作并采用 Shapley 值法分配而获得的收益。同时,长视制造服务商自己单干所获得的利润始终低于其通过和长视制造商合作并采用 Shapley 值法分配而获得的收益。

2. 努力程度对比

表 6-4 对比了短视和长视情境中,制造商与制造服务商最优努力程度的变化情况。由表可知,长视情境下的双方减排及研发努力程度均高于短视情境。这表明,当博弈者充分考虑到自己的决策会影响到以后各期市场需求时,就会增加努力程度以期获得更高的收益。与此同时,当制造商与制造服务商进行充分合作时,由于彼此信赖程度增加,并减少了中间交易成本,二者的努力程度均比不合作时大幅提高。

表 6-4 两种情景中制造商和制造服务商最优努力程度对比

	制造商与制造服务商不合作	制造商与制造服务商合作
MY 情境	$E_M^* = 0.6400, E_A^* = 1.9167$	$E_M^* = 1.2000, E_A^* = 2.5000$
FA 情境	$E_M^* = 1.9200, E_A^* = 3.0667$	$E_M^* = 3.6000, E_A^* = 4.0000$

三、分配结果的动态稳定性分析

令 L_1 表示制造商自己独立行动时的联盟结构,L_2 表示制造服务商自己独立行动时的联盟结构,L_3 表示制造商与制造服务商合作时的联盟结构。本小节采用最大一致集对分配结果的动态稳定性进行判断。

根据传统的 Shapley 值对合作收益进行分配的结果可知,在短视情境中,制造商从其与制造服务商所组成的合作联盟中所获取的利润总是大于制造商自己单干的利润,即 $\Pi_M^{L_1} < \Pi_M^{L_3}$。这意味着,在当前的参数设定情况下,与短视制造服务商联盟给短视制造商带来的利润是各种联盟结构中最大的,因此短视制造商不会偏离此形式,即 $L_1 <_M L_3$,所以最大一致集为 $LCS = \{L_3\}$。与此同时,短视制造服务商从其与短视制造商所组成的合作联盟中所获取的利润总是大于自己单干的利润,即 $\Pi_A^{L_2} < \Pi_A^{L_3}$。这意味着,在当前的参数设定情况下,与短视制造商联盟给短视制造服务商带来的利润是各种联盟结构中最大的,因此短视制造服务商不会偏离此形式,即 $L_2 <_A L_3$,所以最大一致集为 $LCS = \{L_3\}$。由此可知,在短视供应链情境下,采用传统的 Shapley 值能够使得整体供应链处于动态稳定状态。

在长视情境中,制造商从其与制造服务商所组成的合作联盟中所获取的利润总是大于制造商自己单干的利润,即 $\Pi_M^{L_1} < \Pi_M^{L_3}$。这意味着,在当前的参数设定情况下,与长视制造服务商联盟给长视制造商带来的利润是各种联盟结构中最大的,因此长视制造商不会偏离此形式,即 $L_1 \prec_M L_3$,所以最大一致集为 $LCS = \{L_3\}$。与此同时,长视制造服务商从其与长视制造商所组成的合作联盟中所获取的利润总是大于自己单干的利润,即 $\Pi_A^{L_2} < \Pi_A^{L_3}$。这意味着,在当前的参数设定情况下,与长视制造商联盟给长视制造服务商带来的利润是各种联盟结构中最大的,因此长视制造服务商不会偏离此形式,即 $L_2 \prec_A L_3$,所以最大一致集为 $LCS = \{L_3\}$。由此可知,在长视供应链情境下,采用传统的 Shapley 值能够使得整体供应链处于动态稳定状态。

第六节 本章小结

本章采用 Stackelberg 微分博弈方法,以上游低碳制造商和下游制造服务商(以制造服务商为例)组成的异质环境下供应链系统为研究对象,分短视制造商—短视制造服务商以及长视制造商—长视制造服务商两种情境,研究供应链减排与低碳研发的成本投入、分配及其稳定性问题,主要得到以下几点结论:

(1) 在分散决策中,长视情境下的制造商和制造服务商的努力程度均大于短视情境中相应的努力程度。而制造商对于制造服务商的成本补贴系数在两种情境中相同;在集中决策中,长视情境下的制造商和制造服务商的努力程度均大于短视情境中相应的努力程度。

(2) 恰当的成本分配比例能够有效协调制造商与制造服务商之间的利益,并激励双方积极投入生产运作,有利于供应链动态稳定运行。当供应链由同一类型的成员企业组成时,制造商所决策的成本分配系数相同;当供应链由不同类型的成员企业组成时,长视制造商所决策的成本分配系数高于短视制造商。

(3) 采用 Shapley 值对于合作收益进行分配时,无论是在长视情境中还是短视情境中,制造商和制造服务商所组成的大联盟都属于最大一致集。这表明，若采用Shapley值对于合作收益进行分配，则制造商和制造服务商所能估计到的最优策略即是组成大联盟，在这种联盟结构中，二者的利润是最大的，因此二者不会偏离此形式，从而维持了联盟的动态稳定性。

第七章 异质环境下考虑权力结构的横向零售商联盟稳定性

本章是 SCCA 动态稳定性研究的核心章节之五。本章聚焦于考虑供应链权力结构影响横向定价—采购供应链联盟,我们将检验本书提出的 SCCA 动态稳定性的内在逻辑与分析框架的异质供应链联盟情形。在垂直和水平供应链方向上,制造商或零售商为供应链主导或无主导,零售商虽然销售相同的产品但存在规模差异,供应链联盟中的权力距离存在多种可能性。而定价与采购的双重联盟功能,使得横向供应链联盟内外都存在价格竞争。在不同条件下"支配"和"平等"两种价值导向分别可能占优,那么 Shapley 值和平等分配法在动态稳定程度上孰优孰劣?

第一节 研究背景与研究目的

一、研究背景

随着市场需求的不断发展,制造商通过多个零售商分销产品是常见的供应链模式。但是,无论是垂直的制造商与零售商之间,还是横向的零售商与零售商之间,竞争都日趋激烈。虽然竞争是保持市场活力的必要手段,但供应链主体之间的过度竞争会导致资源内部消耗,并可能引发价格战,使供应链整体在市场中处于不利地位。许多研究提出零售商之间组建横向价格联盟的协调机制,以提高零售商个体收益并在供应链中发挥更大的作用。因此,建立稳定且动态稳定的横向联盟是一个重要的研究问题。

权力结构反映了供应链中目标函数相互冲突的不同个体的地位,是目前理论与实践研究的热点。一般而言,在多级分销供应链中,定价顺序往往与产品流向相同,即供应链成员从上游到下游依次制定各自的批发价与零售价。然而,近来许多大型零售商在批发价决策之前要求制造商(供应商)保证其一定水平的利润率,使得制造商被迫成为价格的接受者,定价的领导地位由上游制造商转移给下游零售。例如,特易购、家乐福和沃尔玛等零售商在供应链中十分有竞争力,故而比上游制造商发挥更主导的作用。此外,宝洁等品牌制造商巨头与沃尔玛等超级零售商的讨价还价能力难分伯仲,导致供应链上下游企业同时决策批发价与利润率,不存在主导企业。以上现实背景反映了三种供应链决策与竞争模式,即制造商主导、零售商主导与垂直Nash。那么,不同的供应链渠道结构会对零售商的横向价格联盟的稳定性产生何种影响?

此外,随着零售巨头(例如沃尔玛、亚马逊等)的崛起,零售商之间的市场规模与权力失衡更加突出。例如,亚马逊是美国最大的电子商务公司,其在线书店版块与 Barnes & Noble 等其他知名图书零售商相比更具规模优势。又例如,沃尔玛与百思买等其他超市相比占据了更高的市场份额。那么,零售商间的规模差异如何影响横向联盟的 SCCA 稳定性呢?

二、研究目的

鉴于此,本章的研究对象是(销售相同产品的)横向零售商价格联盟,零售商通过合作制定统一定价而非博弈竞争定价,可以共享、优化市场,并在制造商的垂直竞争中占据更有利的地位。本章考虑权力结构与零售商规模差异两个维度的供应链特征对横向联盟动态稳定性的影响。拟回答以下几方面的问题:

(1)横向零售商联盟的动态稳定结构。本章重点研究在制造商与零售商(联盟)的非合作垂直博弈中,零售商如何通过联盟形成合作博弈探寻最优的价格联盟结构,并实现动态稳定。

(2)权力结构与零售商规模差异特征对联盟动态稳定性的影响。权力结构与零售商规模差异分别是供应链横向和纵向的议价能力特征,反映了供应链系统本身的(不)稳定特征,必然会影响价格联盟的动态稳定性。

(3)联盟动态稳定性的利润分配方法的选择。本章继续比较平等分配法与 Shapley 值的公平性与激励性特征,为在不同供应链权力特征下选择最优的分配方法以实现联盟动态稳定提供依据。

(4)分配方法的公理化特征与稳定性特征联合分析。本章分析了两种分配方法对成本单调性公理与排序性公理的满足情况,并结合两者动态稳定性特征,进一步搭建成本分配公理与联盟动态稳定之间的桥梁。

第二节 模型构建与模型分析

一、模型构建

本章研究由一个制造商(M)和三个非对称的零售商($R_{i\in\{1,2,3\}}$)组成的二级供应链。制造商向所有零售商销售相同的产品,单位制造成本标准化为 0,对每个零售商的批发价均为 w。零售商面临的确定的市场需求,需求函数为:

$$D_i = a_i - \beta_1 p_i + \beta_2 \sum_{j\neq i} p_j \tag{7-1}$$

其中 a_i 是市场潜在需求,β_1 是自价格敏感系数,β_2 是交叉价格敏感系数,p_i 是价格。

因此,下游零售商 i 的利润函数为:

$$\pi_i = (p_i - w) D_i \tag{7-2}$$

上游制造商的利润函数为:

$$\pi_M = w(D_1 + D_2 + D_3) \tag{7-3}$$

二级供应链有三种可能的权力结构,也代表着三种不同的博弈模型与决策顺序。第一是制造商主导的斯塔科尔伯格博弈,决策顺序为:第一阶段制造商先决策产品批发价 w,第二阶段所有零售商同时决策产品零售价格 p_i。第二是零售商主导的斯塔科尔伯格博弈,决策顺序为:第一阶段所有零售商先同时决策产品的利润率 m_i,第二阶段制造商再决策产品批发价 w。第三,是垂直纳什博弈,制造商和零售商同时决策批发价 w 与利润率 m_i。

二、模型分析

为了便于分析不同价格联盟结构中供应链成员的最优决策,本小节用 n 表示参与博弈的零售商或零售商联盟的总数。当所有零售商独立决策时,$n=3$。

1. 制造商主导的斯塔科尔伯格博弈

首先分析制造商主导的斯塔科尔伯格博弈的均衡解。第二阶段,给定批发价 w,零售商定价 p_i 的一阶条件为:

$$\frac{\partial \pi_i}{\partial p_i} = a_i - \beta_1 p_i + \beta_2 \sum_{j \neq i} p_j - \beta_1 (p_i - w) = 0 \qquad (7\text{-}4)$$

求解 $(\partial \pi_1/\partial p_1 = 0, \partial \pi_2/\partial p_2 = 0, \partial \pi_3/\partial p_3 = 0)$ 的联立方程,可得反应函数为:

$$p_i = \frac{a_i}{2\beta_1 + \beta_2} + \frac{\beta_2 A}{[2\beta_1 - (n-1)\beta_2](2\beta_1 + \beta_2)} + \frac{\beta_1 w}{2\beta_1 - (n-1)\beta_2} \qquad (7\text{-}5)$$

由于 $\partial^2 \pi_i / \partial p_i^2 = -2\beta_1$,二阶条件的黑塞矩阵显然为负定,故存在最优定价 p_i^* 使得 π_i 取得最大值。

第一阶段,将 p_i 的反应函数式(7-5)代入制造商的利润函数式(7-3),并对 w 求一阶偏导得:

$$\frac{\partial \pi_M}{\partial w} = A - [\beta_1 - \beta_2(n-1)] \frac{A + \beta_1 n w}{2\beta_1 - \beta_2(n-1)} - \frac{[\beta_1 - \beta_2(n-1)]\beta_1 n}{2\beta_1 - \beta_2(n-1)}(w - c)$$
$$= 0 \qquad (7\text{-}6)$$

令 $\partial \pi_M / \partial w = 0$,解得:

$$w^* = \frac{A}{2n[\beta_1 - \beta_2(n-1)]} \qquad (7\text{-}7)$$

其中,$A = \sum_{i=1}^{n} a_i$ 为市场总潜在需求。

由于 $\partial^2 \pi_M / \partial w^2 = -[\beta_1 - \beta_2(n-1)]\beta_1 n / [2\beta_1 - \beta_2(n-1)]$,那么 π_M 在 w^* 处取得极大值的条件为 $\beta_1 - \beta_2(n-1) > 0$。

将式(7-7)代入式(7-5),得到零售商最优定价为：

$$p_i^* = \frac{a_i}{2\beta_1+\beta_2} + \frac{(\beta_1+2n\beta_2)A}{2n[2\beta_1-(n-1)\beta_2](2\beta_1+\beta_2)} \tag{7-8}$$

2. 零售商主导的斯塔科尔伯格博弈

在零售商主导的斯塔科尔伯格博弈中,零售商根据成本加成法进行定价,假设利润率为 m_i,那么零售价为 $p_i = w_i + m_i$。供应链成员的利润函数变为：

$$\pi_M = w\{A - [\beta_1 - \beta_2(n-1)](nw + M)\} \tag{7-9}$$

$$\pi_i = m_i[a_i - \beta_1(w+m_i) + \beta_2 \sum_{j \neq i}(w+m_j)] \tag{7-10}$$

其中, $M = \sum_{i=1}^{n} m_i$ 为全体零售商利润率总和。

第二阶段,给定零售商的利润率 m_i,制造商批发价 w 的一阶条件为：

$$\frac{\partial \pi_M}{\partial w} = A - [\beta_1 - \beta_2(n-1)](nw + M) - [\beta_1 - \beta_2(n-1)]nw = 0 \tag{7-11}$$

解得反应函数为：

$$w = \frac{A}{2n[\beta_1 + (1-n)\beta_2]} - \frac{M}{2n} \tag{7-12}$$

由于 $\partial^2 \pi_M / \partial w^2 = -2[\beta_1 - \beta_2(n-1)]n$,那么 π_M 在 w^* 处取得极大值的条件为 $\beta_1 - \beta_2(n-1) > 0$,与制造商主导时相同。

第一阶段,将 w 的反应函数式(7-12)代入零售商的利润函数式(7-9),并对 m_i 求一阶偏导得：

$$\frac{\partial \pi_i}{\partial m_i} = a_i - [\beta_1 - \beta_2(n-1)]\left[\frac{A}{2n[\beta_1 + (1-n)\beta_2]} - \frac{M}{2n}\right] - \beta_1 m_i$$

$$+ \beta_2 \sum_{j \neq i} m_j - \left[\frac{\beta_1 - \beta_2(n-1)}{2n} + \beta_1\right]m_i \tag{7-13}$$

求解 $(\partial \pi_1/\partial m_1 = 0, \partial \pi_2/\partial m_2 = 0, \partial \pi_3/\partial m_3 = 0)$ 的联立方程,可得零售商最优利润率为：

$$m_i = \frac{G_i - \dfrac{\dfrac{A}{2}}{E+2F}F}{E-F} \tag{7-14}$$

其中，$E=\dfrac{\beta_1+\beta_2(n-1)}{n}$，$F=-\dfrac{\beta_1+\beta_2(n+1)}{2n}$，$G_i=a_i-\dfrac{A}{2n}$。

由于 $\partial^2\pi_i/\partial m_i^2=[\beta_1+\beta_2(1-n)]/n-2\beta_1$，二阶条件的黑塞矩阵显然为负定，故存在最优定价 m_i^* 使得 π_i 取得最大值。

将式(7-14)代入式(7-12)，得到制造商的最优批发价为：

$$w^* = \frac{A}{2n[\beta_1+(1-n)\beta_2]} - \frac{\dfrac{A}{2}-\dfrac{\sum_{i=1}^{n}G_i}{E+2F}nF}{2n(E-F)} \tag{7-15}$$

3. 垂直纳什博弈

在垂直纳什博弈中，制造商和零售商同时决策批发价与利润率，令 $\partial\pi_i/\partial m_i=0$ 且 $\partial\pi_M/\partial w=0$，并联立方程：

$$\begin{cases} \dfrac{\partial\pi_M}{\partial w}=A-[\beta_1-\beta_2(n-1)]M-2[\beta_1-\beta_2(n-1)]nw=0 \\ \dfrac{\partial\pi_i}{\partial m_i}=a_i-[\beta_1-\beta_2(n-1)]w-2\beta_1 m_i+\beta_2\sum_{j\neq i}m_j=0 \end{cases} \tag{7-16}$$

解得供应链成员的最优决策为：

$$w^* = \frac{\beta_1 A}{2[\beta_1-\beta_2(n-1)][2\beta_1-\beta_2(n-1)]-[\beta_1-\beta_2(n-1)]^2} \tag{7-17}$$

$$m_i^* = \frac{H_i + \beta_2\dfrac{\sum_{i=1}^{n}H_i}{2\beta_1-\beta_2(n-1)}}{2\beta_1-\beta_2} \tag{7-18}$$

其中，$H_i=a_i-(\beta_1-2\beta_2)w^*$。

4. 价格联盟下的最优决策

假设下游零售商可以自由组成价格联盟 s，联盟内的零售商制定相同的销售价格。

当任意两个零售商组成价格联盟时，联盟结构为 $\{(R_i, R_j), R_k\}$，令 $A_{i,j} = a_i + a_j$，价格联盟面临的总需求为 $D_{i,j} = A_{i,j} - \beta_1 p_{i,j} + \beta_2 p_k$。

此时，零售商价格联盟 (R_i, R_j) 的利润函数为 $\pi_{i,j} = (p_{i,j} - w)D_{i,j}$，制造商的利润函数为 $\pi_M = w(D_{i,j} + D_k)$。

当全部三个零售商组成价格联盟时，联盟结构为 $\{(R_1, R_2, R_3)\}$，令 $A_{i,j,k} = a_i + a_j + a_k$，价格联盟面临的总需求为 $D_{i,j,k} = A_{i,j,k} - \beta_1 p_{i,j,k}$。

此时，零售商价格联盟 (R_1, R_2, R_3) 的利润函数为 $\pi_{1,2,3} = (p_{1,2,3} - w)D_{1,2,3}$，制造商的利润函数为 $\pi_M = wD_{1,2,3}$。

分别令 $n=2$ 和 $n=1$，并用 $A_{i,j}$ 和 $A_{i,j,k}$ 替换 a_1，a_2 和 a_3 可得到供应链成员在不同价格联盟下的最优定价（利润率）和批发价决策。

5. 联盟价值

组建价格联盟的过程可以被视为一个联盟生成博弈 $CG = (N, \Pi, v_i)$，联盟价值 v_i 为零售商组建价格联盟的收益 $\xi_s = \Pi_s - \sum_{i \in s} \pi_i$。由于每个零售商面临的潜在市场需求不同，市场份额越大的零售商对价格联盟贡献越大，那么联盟总利润收益应该如何分配才能既"公平"又"有效"地实现价格联盟的动态稳定？本小节研究在平等分配法与 Shapley 值下不同价格联盟结构的动态稳定性特征，并重点分析在不同的"权力结构"下的影响。

假设总市场潜在需求 A 为 1，各零售商的市场份额分别为 $a_1 = 2/9$，$a_2 = 1/3$，$a_3 = 4/9$。此外，令 $\beta_1 = 1$，$\beta_2 = 0.2$，对不同渠道结构、联盟结构，及收益分配方法下，制造商和零售商的利润情况进行数值算例，如表 7-1 所示。

由以上数值算例可知，第一，无论在何种渠道结构下，任意两个零售商合作都会组建较有议价能力的价格联盟，使联盟收益增加，而联盟外独立的零售商利润受损。第二，在制造商主导的渠道结构下，市场份额最大的零售商在很多情况下是被动而非自愿加入价格联盟的。由于三个零售商占有的市场份额不同，规模相近的两个零售商合作既能形成较有议价能力的价格联盟，且盟员的贡献差异不显著，易于分配联盟的收益。而当规模差异较大的两个零售商（R_1 和 R_3）合作时，两者对联盟形成的贡献相同，无论是在平等分配法下，还是在 Shapley 值下都将联盟收益的一半分配给规模较小的零售商。虽然联盟总体盈利增加，但规模较大的零售商获得的收益难以与其贡献的市场份额相匹配。因此，规模差异较大的两个零售商不会自愿组建价格联盟。而当三个零售商组建大联盟时，虽然联盟整体议价能力提高，但是由于制造商居于绝对的供应链主导地位，使得价格联盟从制造商处获得的进货成本收益有限，联盟利润虽然增加，但是盟员数量也增加。无论是采用平等分配法还是 Shapley 值，规模最大的零售商都难以从大联盟获得满意的收益，故不会自愿参与组建大联盟。

定理 7.1 无论在何种供应链权力结构下，当盟员利用 Shapley 值分配价格联盟收益时，大联盟 $\{(R_1, R_2, R_3)\}$ 是唯一动态稳定的联盟结构。

证明：①当制造商是供应链的主导时，盟员的偏好关系如表 7-2 所示。可行关系为：$\{R_1, R_2, R_3\} \rightarrow_{\{R_1, R_2\}} \{(R_1, R_2), R_3\}$，$\{R_1, R_2, R_3\} \rightarrow_{\{R_2, R_3\}} \{R_1, (R_2, R_3)\}$，$\{(R_1, R_2), R_3\} \rightarrow_{\{R_3\}} \{(R_1, R_2, R_3)\}$，$\{R_1, (R_2, R_3)\} \rightarrow_{\{R_1\}} \{(R_1, R_2, R_3)\}$；间接占优关系为：$\{R_1, R_2, R_3\} \ll \{(R_1, R_2), R_3\}$，$\{R_1, R_2, R_3\} \ll \{R_1, (R_2, R_3)\}$，$\{(R_1, R_2), R_3\} \ll \{(R_1, R_2, R_3)\}$，$\{R_1, (R_2, R_3)\} \ll \{(R_1, R_2, R_3)\}$。

首先，讨论联盟结构 $\{R_1, R_2, R_3\}$ 的稳定性。如果联盟结构由 $\{R_1, R_2, R_3\}$ 偏离到 $\{(R_1, R_2), R_3\}$，零售商 3 也加入价格联盟是其收益策略，使得联盟结构进一步偏离到 $\{(R_1, R_2, R_3)\}$。无论在何种情况下，零售商 1 和 2 的收益都增加，所以 $\{R_1, R_2, R_3\} \rightarrow_{\{R_1, R_2\}} \{(R_1, R_2), R_3\}$ 必然会发生，联盟结构 $\{R_1, R_2, R_3\}$ 不稳定。其次，讨论联盟结构 $\{(R_1, R_2), R_3\}$ 的稳定性。如果联盟结构由 $\{(R_1, R_2), R_3\}$ 偏离到 $\{(R_1, R_2, R_3)\}$，由于所有供应链成员的收益均增加，所以 $\{(R_1, R_2), R_3\} \rightarrow_{\{R_3\}} \{(R_1, R_2, R_3)\}$ 必然会发生，联盟结构 $\{(R_1, R_2), R_3\}$ 不稳定。同理，联盟结构 $\{R_1, (R_2, R_3)\}$ 也不稳定。最后，讨论联盟结构 $\{(R_1, R_2, R_3)\}$ 的稳定性。此时，虽然所有供应链成员获得的联盟收益并非最高，但是一旦脱离价格大联盟就会导致单一零售商与较为强大的价格联盟竞争的不利情形。因此，联盟结构 $\{(R_1, R_2, R_3)\}$ 是动态稳定的。联盟结构偏离路径如

表 7-1　不同渠道结构下的供应链利润数值算例

	{R₁, R₂, R₃}			{(R₁, R₂), R₃}			{(R₁, R₃), R₂}			{R₁, (R₂, R₃)}		
	MS	VN	RS	MS	VN	RS	MS	VN	RS	MS	VN	RS
π_1	0.011 262	0.013 518	0.012 843	0.019 633	0.030 694	0.028 587	0.031 366	0.044 758	0.042 462	0.001 701	0.008 738	0.006 756
π_2	0.019 486	0.028 353	0.027 435	0.019 633	0.030 694	0.028 587	0.008 751	0.020 998	0.018 090	0.045 835	0.061 468	0.059 073
π_3	0.044 503	0.048 621	0.047 498	0.021 273	0.038 547	0.034 896	0.031 366	0.044 758	0.042 462	0.045 835	0.061 468	0.059 073

	{(R₁, R₂, R₃)} (平等分配法)			{(R₁, R₂, R₃)} (Shapley 值)		
	MS	VN	RS	MS	VN	RS
π_1	0.026 042	0.052 083	0.046 296	0.012 485	0.036 255	0.030 598
π_2	0.026 042	0.052 083	0.046 296	0.026 954	0.052 965	0.047 208
π_3	0.026 042	0.052 083	0.046 296	0.038 686	0.067 030	0.061 083

表 7-2　Shapley 值下盟员偏好关系与动态稳定联盟结构

	制造商主导	零售商主导	垂直 Nash
R_1	{(R₂, R₃), R₁} ≻ {(R₁, R₂), R₃}} ≻ {R₁, R₂, R₃} ≻ {(R₂, R₃), R₁}	{(R₁, R₃), R₂} ≻ {(R₁, R₂), R₃} ≻ {R₁, R₂, R₃} ≻ {(R₂, R₃), R₁}	{(R₁, R₂, R₃)} ≻ {(R₁, R₂), R₃} ≻ {R₁, R₂, R₃} ≻ {(R₂, R₃), R₁}
R_2	{(R₂, R₃), R₁} ≻ {(R₁, R₂), R₃} ≻ {R₁, R₂, R₃} ≻ {(R₁, R₃), R₂}	{(R₂, R₃), R₁} ≻ {(R₁, R₂), R₃} ≻ {R₁, R₂, R₃} ≻ {(R₁, R₃), R₂}	{(R₂, R₃), R₁} ≻ {(R₁, R₂, R₃)} ≻ {R₁, R₂, R₃} ≻ {(R₁, R₃), R₂}

（续表）

	制造商主导	零售商主导	垂直 Nash
R_3	$\{(R_2, R_3), R_1\} \succ \{(R_1, R_2, R_3)\} \succ \{(R_1, R_3), R_2\} \succ \{(R_1, R_2), R_3\}$	$\{(R_2, R_3), R_1\} \succ \{(R_1, R_2, R_3)\} \succ \{(R_1, R_3), R_2\} \succ \{(R_1, R_2), R_3\}$	$\{(R_2, R_3), R_1\} \succ \{(R_1, R_2, R_3)\} \succ \{(R_1, R_3), R_2\} \succ \{(R_1, R_2), R_3\}$
LCS	$\{(R_1, R_2, R_3)\}$	$\{(R_1, R_2, R_3)\}$	$\{(R_1, R_2, R_3)\}$

表 7-3　平等分配法下盟员偏好关系与动态稳定联盟结构

	制造商主导	零售商主导	垂直 Nash
R_1	$\{(R_2, R_3), R_1\} \succ \{(R_1, R_2), R_3\} \succ \{(R_1, R_2, R_3)\} \succ \{(R_1, R_3), R_2\}$	$\{(R_1, R_3), R_2\} \succ \{(R_1, R_2), R_3\} \succ \{(R_1, R_2, R_3)\} \succ \{(R_2, R_3), R_1\}$	$\{(R_1, R_3), R_2\} \succ \{(R_1, R_2), R_3\} \succ \{(R_1, R_2, R_3)\} \succ \{(R_2, R_3), R_1\}$
R_2	$\{(R_2, R_3), R_1\} \succ \{(R_1, R_2), R_3\} \succ \{(R_1, R_2, R_3)\} \succ \{(R_1, R_3), R_2\}$	$\{(R_1, R_2), R_3\} \succ \{(R_1, R_2, R_3)\} \succ \{(R_1, R_3), R_2\} \succ \{(R_2, R_3), R_1\}$	$\{(R_1, R_2), R_3\} \succ \{(R_1, R_2, R_3)\} \succ \{(R_1, R_3), R_2\} \succ \{(R_2, R_3), R_1\}$
R_3	$\{(R_2, R_3), R_1\} \succ \{(R_1, R_2), R_3\} \succ \{(R_1, R_3), R_2\} \succ \{(R_1, R_2, R_3)\}$	$\{(R_1, R_2), R_3\} \succ \{(R_1, R_3), R_2\} \succ \{(R_1, R_2, R_3)\} \succ \{(R_2, R_3), R_1\}$	$\{(R_1, R_2), R_3\} \succ \{(R_1, R_3), R_2\} \succ \{(R_1, R_2, R_3)\} \succ \{(R_2, R_3), R_1\}$
LCS	$\{(R_1, R_2, R_3)\}$	$\{(R_1, R_2, R_3)\}$	$\{(R_1, R_2, R_3)\}$

图 7-1 所示。

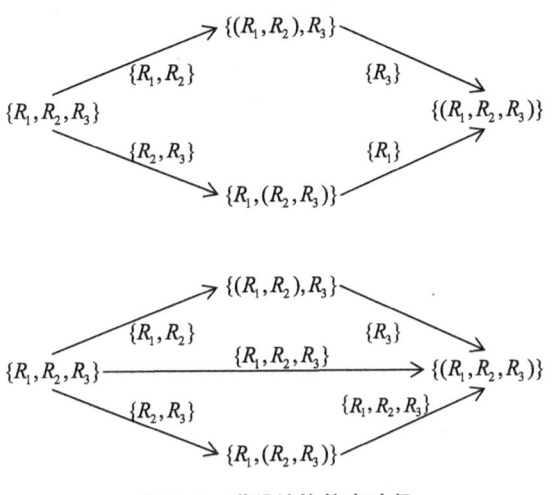

图 7-1　联盟结构偏离路径

② 当零售商是供应链的主导时,盟员的偏好关系如表 7-3 所示。可行关系比制造商是主导时增加 $\{R_1,R_2,R_3\} \to_{\{R_1,R_2,R_3\}} \{(R_1,R_2,R_3)\}$,间接占优关系增加 $\{R_1,R_2,R_3\} \ll \{(R_1,R_2,R_3)\}$。

此时,大联盟结构对 R_1 和 R_3 是最优的,对 R_2 是次优的,但由于没有零售商有动机从大联盟中叛逃,故联盟结构 $\{(R_1,R_2,R_3)\}$ 依旧是动态稳定的。联盟结构偏离路径如图 7-1 所示。

③ 当供应链无主导时,偏好关系、可行关系和占优关系与零售商主导时相同,故联盟结构 $\{(R_1,R_2,R_3)\}$ 也是动态稳定的。

当制造商主导供应链时,大联盟对所有零售商而言都是次优的。随着越来越多的零售商加入价格联盟,垄断的市场环境逐渐形成,卡特尔将产品价格维持在高水平以控制市场需求。由于供应链由强势制造商把控,制造商利用先动优势和较高的议价能力,提高批发价以保证在低需求的条件下仍能获得较高利润。而对零售商而言,一方面,价格联盟中盟员数量与联盟的议价能力并非成正比增加。另一方面,盟员数量越大,则批发价越高,导致市场中产品价格更高而需求更低,卡特尔的盈利模式的效率大打折扣。因此,盟员数量越大会导致每个个体分得的收益摊薄,零售商通过与一个(规模更大的)而非所有零售商合作获得的收益反而更大,但会导致联盟外的单一零售商利润受损。在动态供应链的条件下,非联盟零售商必然会加入价格联盟以避免激烈的价格竞争。虽然在卡特尔价格联盟下所有零售商都没有获得最优收益,但每个零售商都较分散决策时利润有所增加,且获得了与其市场份额贡献匹配的利润份额,故没有动机脱离大联盟。

当零售商主导供应链时,大联盟对规模最大和最小的零售商而言都是最优的。此时,价格联盟中盟员数量越大,联盟的议价能力越高且远超过制造商,故可以利用先动优势,要求更高的利润率,制造商的批发价也越低。根据卡特尔的特征,零售商联盟一方面压低批发价,另一方面抬高零售价,零售商联盟把控并获得了供应链的大部分收益。对于规模中等的零售商而言,在大联盟中根据市场份额贡献获得的分配份额少于在与规模最大的零售商合作时根据参与贡献获得的份额。但与制造商主导时相同,一定会加入且没有动机脱离大联盟。

当供应链无领导时,与零售商领导时类似,卡特尔联盟结构是动态稳定的。不同之处在于,随着价格联盟中盟员数量增加,批发价先减后增。当任意两个零售商组成价格联盟时,市场需求降低较少且迫于零售商的议价能力,故制造商设置的批发价最低。而在大联盟结构下,市场需求过低,制造商必须提高批发价才能避免过度亏损。

定理 7.2 无论在何种供应链权力结构下,当盟员利用平等分配法分配价格联盟收益时,大联盟 $\{(R_1, R_2, R_3)\}$ 是唯一动态稳定的联盟结构。

证明:与 Shapley 值相比,平等分配法仅对盟员偏好关系存在影响,而对可行关系与间接占优关系无影响,故大联盟依旧是动态稳定的联盟结构,具体证明过程不再赘述。

第三节 敏感性分析

本小节对零售商规模差异这一关键的零售商特征进行敏感性分析,以判断在不同的零售商市场份额差异程度下,平等分配法和 Shapley 值在维持大联盟结构动态稳定性上孰优孰劣,及如何根据不同的零售商特征选择"公平"与"激励"兼具的分配方法。

首先,为了分析不同零售商规模的影响,我们将中等规模的零售商的市场份额固定在市场平均水平,即 $a_2=1/3$。假设三个零售商之间的市场份额等差分布,规模差值为 Δ,故规模最小的零售商市场份额为 $a_1=1/3-\Delta$,规模最大的零售商市场份额为 $a_3=1/3+\Delta$。令 Δ 的变化范围为 $[0, 0.2]$,$\beta_1=0.8$,$\beta_2=0.3$,两种分配方法在不同权力结构下的 Shapley-Shubik 权力指数与破坏倾向指数如图 7-2、7-3 和 7-4 所示。

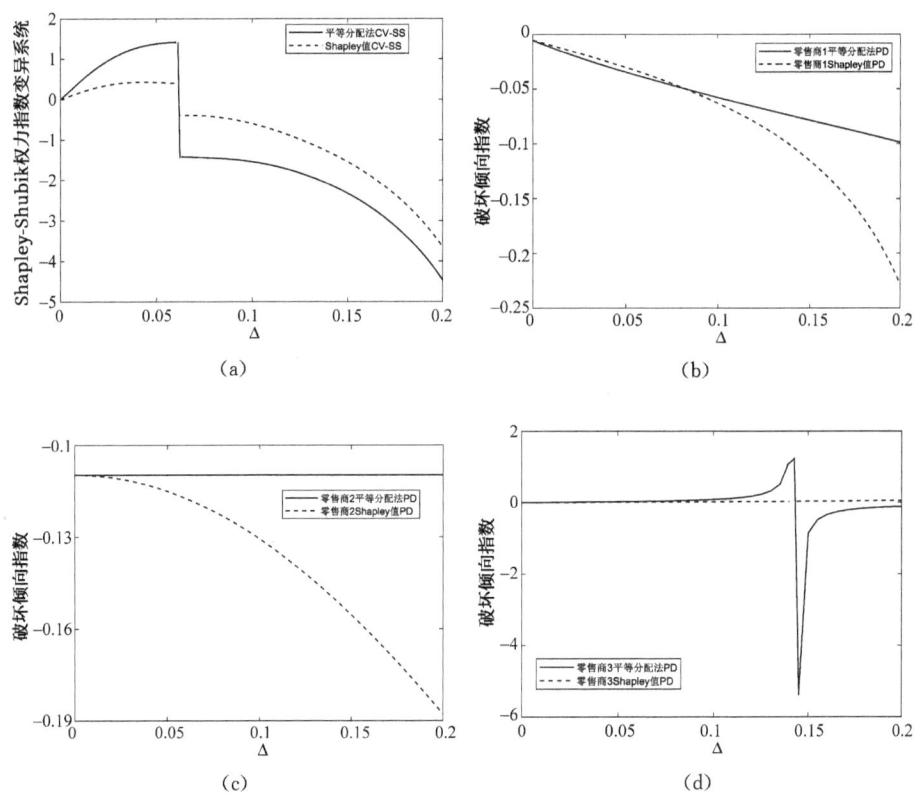

图 7-2 制造商主导下两种分配方法的 *CV-SS* 值与 *PD* 值

推论 7.1 当制造商是供应链主导时:

(1) 当 Δ 较小时,$CV\text{-}SS_{Eglitarian} > CV\text{-}SS_{Shapley} > 0$,

(2) 当 Δ 较大时,$CV\text{-}SS_{Eglitarian} < CV\text{-}SS_{Shapley} < 0$。

随零售商规模差异增加,零售商对大联盟的市场份额贡献差异增加,但对卡特尔联盟的形成贡献始终不变。当规模差异较少时,组建大联盟对多数

(所有)零售商而言是绝对占优策略。由于各零售商之间的议价能力势均力敌且相差无几,按照各自的市场分配贡献进行联盟收益分配的 Shapley 值法相对较为公平。

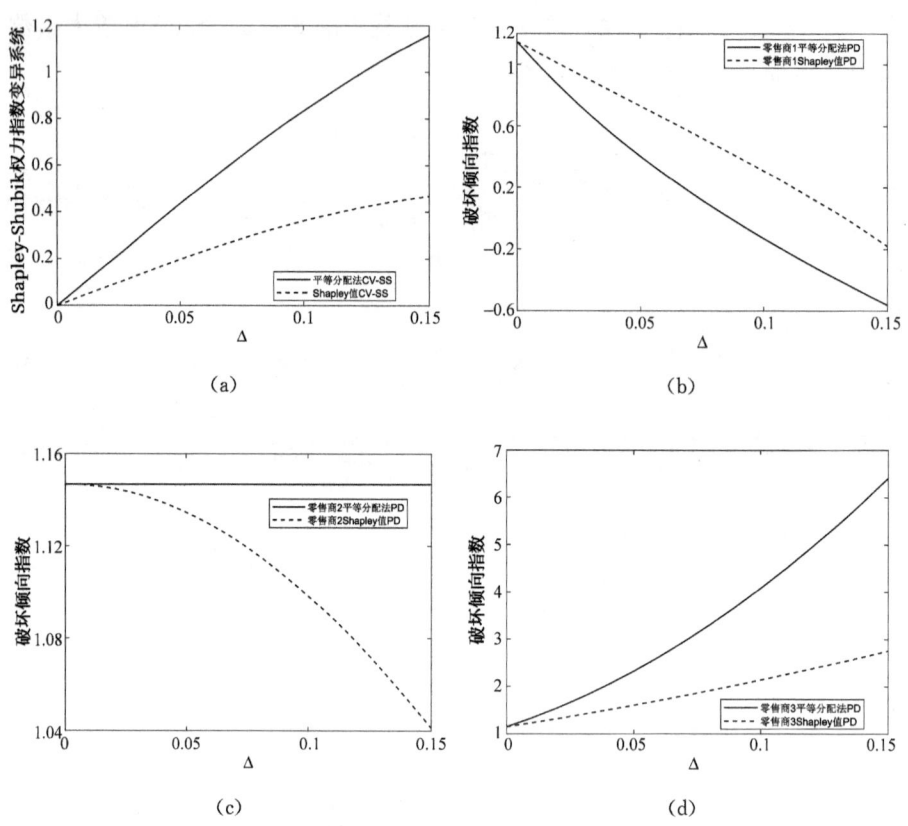

图 7-3 零售商主导下两种分配方法的 *CV-SS* 值与 *PD* 值

当规模差异较大时,组建大联盟对多数(所有)零售商而言不是最优策略。在制造商主导供应链中,两个零售商联盟可以为两者带来最大收益,但对剩余的零售商而言是完全不利的。而一个零售商从卡特尔中获得的收益总是优于"2+1"孤立竞争的情形。因此,为了促使所有零售商都加入卡特尔,而避免"2+1"竞争的"赢—亏"模式,根据参与贡献而非市场份额贡献进行联盟收益分配相对较为公平。

推论 7.2 当制造商是供应链主导时:

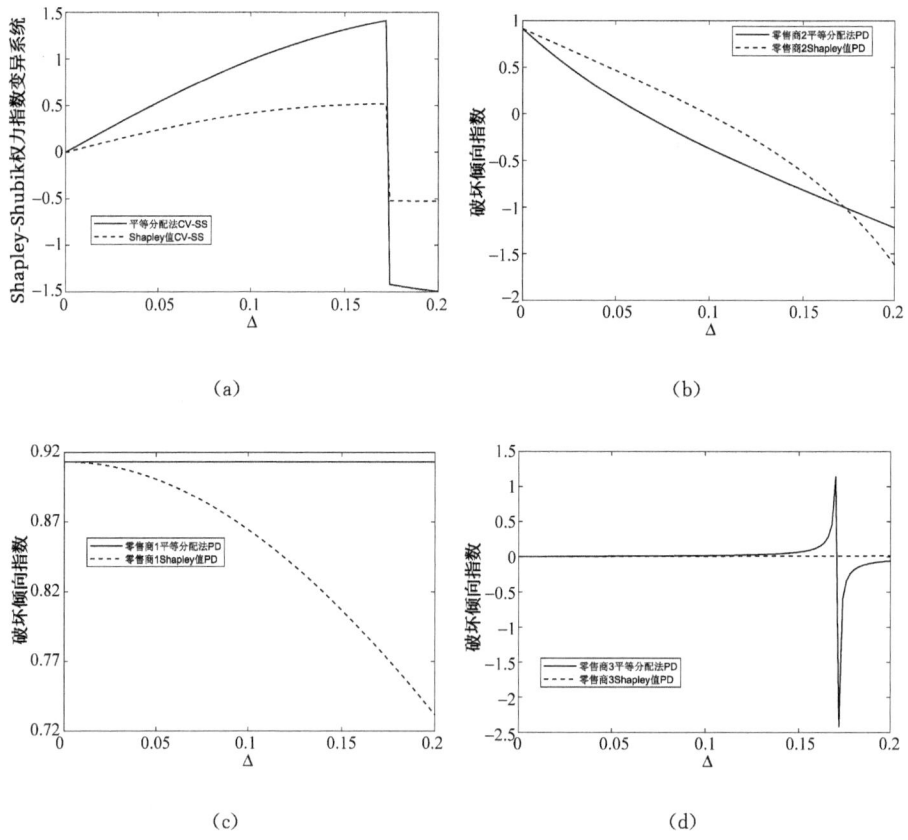

图 7-4 供应链无主导下两种分配方法的 *CV-SS* 值与 *PD* 值

(1) 对于规模最大的零售商,当 Δ 很大时,$PD_{R3}^{Egalitarian} < PD_{R3}^{Shapley} < 0$,否则,$PD_{R3}^{Egalitarian} > PD_{R3}^{Shapley} > 0$。

(2) 对于规模中等的零售商,$PD_{R2}^{Shapley} < PD_{R2}^{Egalitarian} < 0$。

(3) 对于规模最小的零售商,当 Δ 较小时,$PD_{R1}^{Egalitarian} < PD_{R1}^{Shapley} < 0$,当 Δ 较大时,$PD_{R1}^{Shapley} < PD_{R1}^{Egalitarian} < 0$。

在卡特尔中,规模最大的零售商具有最大的破坏倾向指数。当零售商规模差异不是特别大时,两种分配方法的最大破坏倾向指数都大于零,说明他们对于盟员的激励效果都一般,但 Shapley 值的激励性总体优于平均分配法。原因是,在制造商主导的供应链中,卡特尔联盟的收益本就较薄,若进行平均分配,规模最大(和较大)的零售商获得的联盟收益太少甚至低于无联盟状态,给联盟稳定性增加了许多不确定因素。而 Shapley 值根据市场份额贡献向规模最大(和较大)的零售商分配了较多的联盟收益,使大联盟结构更加稳定。而当零售商规模差异特别大时,两种分配方法的最大破坏倾向指数都小于零,说明他们对于盟员的激励效果都较好,但平等分配法的激励性在总体上优于 Shapley 值。

而对于规模中等的零售商而言,两种分配方法的破坏倾向指数都小于零,说明两种分配方法都具有较好的激励特性,且 Shapley 值的激励性更好。

而对于规模最小的零售商而言,当零售商间规模差距较小时,平等分配法下,小零售商获得了较多的利润份额,故对其加入大联盟具有较好的激励性。而当零售商间规模差距较大时,小零售商对联盟整体市场份额的贡献很小。基于 Shapley 值的利润分配使得小零售商脱离联盟的损失过大,剩余零售商仍占有绝大部分市场而损失很小,故具有较好的激励性。

推论 7.3 当零售商是供应链主导时:$CV\text{-}SS_{Egalitarian} > CV\text{-}SS_{Shapley} > 0$。

由于零售商主导供应链,组建大联盟对所有零售商而言是绝对占优策略。无论是在平等分配法还是 Shapley 值下,价格联盟的议价能力都随着联盟中盟员的数量增加而"超"同比增加,各个零售商从联盟中获得的收益分配也增加。Shapley 值的优势在于对市场份额较大的零售商给予较多的收益分配份额,而对市场份额较小的零售商给予较少的收益分配份额,使得不同规模的零售商加入联盟自身获得的收益和联盟整体获得的收益比相差较少,权力较为均衡,分配结果也更为公平。

此外,不难看出随着 Δ 增加,两种分配方法的 $CV\text{-}SS$ 值都递增,即分配的公平性递减。这是由于零售商较大的规模差异是供应链中的"系统"不公平因素,无论采用哪种分配方法都不能克服。

推论 7.4 当零售商是供应链主导时:

(1) 对于规模最大和中等的零售商,$PD_{R2/R3}^{Egalitarian} > PD_{R2/R3}^{Shapley} > 0$。

(2) 对于规模最小的零售商,当 Δ 较小时,$PD_{R1}^{Shapley} > PD_{R1}^{Egalitarian} > 0$,而当 Δ 较大时,$0 > PD_{R1}^{Shapley} > PD_{R1}^{Egalitarian}$。

对于规模最大的零售商而言,两种分配方法的最大破坏倾向指数都大于零,说明他们对于盟员的激励效果都一般,但 Shapley 值的激励性总体远优于平等分配法。随着规模最大的零售商的市场份额扩大,两个规模相对较小的零售商合作组成的价格联盟对其造成的威胁和竞争损失逐渐缩小。在平等分配法下,规模最大的零售商加入大联盟和在"2+1"竞争模式下的收益接近,故激励效果很差。

对于规模中等的零售商而言,两种分配方法的激励效果也一般,但随着 Δ 增加,Shapley 值最优的分配方法的激励效果提高。这是由于随着其余零售商的规模差异增加,中位市场规模的零售商获得的收益份额增加。

对于规模最小的零售商而言,当零售商间规模差异较小时,两种分配方法的激励效果都较差;而当规模差异较大时,两种分配方法的激励效果都较好。总体而言,平等分配法的激励性优于 Shapley 值。随着规模最小的零售商的市场份额缩小,如果其余零售商合作将会对小零售商造成巨大损失。而平均分配法对小零售商加入大联盟给予了丰厚的利润份额,故具有较好的激励性。

推论 7.5 当供应链无主导时,两种分配方法对于大联盟动态稳定的公平性与激励性特征与制造商主导类似。

当制造商和零售商都不能主导供应链时,改善了制造商是供应链主导时盟员数量增加不能给联盟带来同等收益的情形,使 Shapley 值的公平性与激励性优势在相对较大的零售商规模差异下也能凸显。而当零售商规模差异很大时,按照参与贡献分配利润的平等分配法的公平性与激励性优势依然存在,但较制造商主导时略微减弱。

第四节　动态稳定的分配方法比较

综上,可以得到混合价格联盟中成本分配动态稳定性的价值导向。一方面,当在垂直供应链方向上制造商是绝对主导,而在横向供应链方向上规模较大的零售商是相对主导时,制造商的权力远超过整个横向价格联盟,使得联盟的整体价值较低。大联盟对很多零售商而言都不是最优的联盟结构,但比不加入或比在偏联盟外部要好。此时,组建大联盟并激励成员不偏离大联盟至关重要。另一方面,当在垂直供应链方向上没有绝对主导,而在横向供应链方向上零售商规模接近也不存在相对主导时,大联盟在多数情况下对所有零售商都是最优的,故任何分配方法对零售商不偏离大联盟的激励都很大。而每个零售商都认为自身权力较大且对联盟成功的贡献十分显著,故必须获得相应的联盟收益份额才能感知到联盟公平。此外,当在垂直供应链方向上零售商是绝对主导,而在横向供应链方向上零售商不存在相对主导时,联盟的价值很高,盟员零售商十分注重分配结果的公平。由此可见,混合形式的价格大联盟收益分配中,在垂直方向的供应链中上游制造商的权力越高,而在水平方向的供应链中最大零售商的权力越高,对于联盟利润分配公平促进动态稳定的诉求较弱,而对于激励盟员不偏离大联盟从而促进动态稳定的诉求较强;反之,在垂直方向的供应链中下游零售商联盟的权力越高,而在水平方向的供应链中最大零售商的权力与其余零售商越接近,对于激励盟员不偏离大联盟从而促进动态稳定的诉求较弱,而对于联盟利润分配公平促进动态稳定的诉求较强。

在成本公理分析框架下,混合价格联盟中,在垂直方向的供应链中上游制造商的权力越高,而在水平方向的供应链中最大零售商的权力越高,就公平性公理而言,平等分配法和 Shapley 值在多数情况下都只满足较弱的独立性公理。就激励性公理而言,平等分配法和 Shapley 值在多数情况下仅满足较弱的参与人数量单调性公理,但平等分配法的激励性相对较好。然而,在垂直方向的供应链中下游零售商联盟的权力越高,而在水平方向的供应链中最大零售商的权力与其余零售商越接近,就公平性公理而言,平等分配法仅满足较弱独立性公理而 Shapley 值同时满足较弱的独立性公理和较强的排序公理,故 Shapley 值的公平性更优。就激励性公理而言,平等分配法和 Shapley 值都只满足较弱的参与人数量单调性公理,在联盟激励上的表现一般且不具有显著差距。

因此,结合混合价格联盟的成本分配动态稳定性的价值导向、分配方法稳定程度的量化指标化与定性公理化分析,在垂直方向的供应链中下游零售商联盟的权力越高,而在水平方向的供应链中最大零售商的权力与其余零售商越接近,平等分配法对于实现横向联盟形式和定价与设计联盟要素主导的供应链联盟成本分配动态稳定性更具优势。反之,在垂直方向的供应链中下游零售商联盟的权力越高,而在水平方向的供应链中最大零售商的权力与其余零售商越接近,Shapley 值更具优势。

第五节　本章小结

本章研究了销售相同产品的横向零售商价格联盟动态稳定性,零售商通过合作制定统一定价而非博弈竞争定价,可以共享、优化市场,并在制造商的垂直竞争中占据更有利的地位。本章考虑权力结构与零售商规模差异两个维度的供应链特征对横向联盟动态 SCCA 稳定性的影响。研究结论如下:

(1) 在混合的联盟形式中,当垂直供应链方向制造商是绝对主导,而水平供应链方向存在大零售商是相对主导时,盟员对联盟形成的贡献被放大,必须对参与联盟即使是次要的零售商给予足够留在联盟中的激励,才能实现较高水平的成本分配动态稳定。当垂直和水平供应链方向都不存在主导时,盟员对创造联盟收益的贡献被放大,必须使每个零售商的市场份额贡献都给予相匹配的公平收益,才能实现较高水平的成本分配动态稳定。

(2) 当联盟对所有盟员的(单一)决策都产生影响时,在卡特尔联盟中所有盟员的定价都提高,当联盟的价值受外部条件影响被限制时,市场份额和权力更大的零售商往往主动在联盟中向其余零售商让渡联盟收益,以确保联盟形成与动态稳定。而当联盟价值很高时,市场份额和权力较小的零售商向大零售商转移支付联盟收益,以奖励大零售商对联盟价值与动态稳定的贡献。

(3) 当联盟中存在(联盟内外的双重)竞争关系时,强势的外部竞争者会削弱联盟内部的竞争,使得大联盟更加团结,此时以多数盟员利益为主,才能实现较高水平的成本分配动态稳定。反之,外部竞争者的力量较弱会强化联盟内部的竞争,此时保障贡献与权力更大的盟员的联盟收益,才能实现较高水平的成本分配动态稳定。

第八章 结论与建议

第一节 研究结论

无论是在过去、现在还是未来,成本分配问题一直都是争议的焦点之一。本书围绕"供应链成本分配动态稳定"这一主题,立足世界范围内的国际垂直分工趋势与我国作为世界制造业大国的这一供应链背景,剖析 SCCA 动态稳定的内在机理,试图提出结构化的 SCCA 动态稳定理论体系。从而为供应链中成员企业的成本核算和成本管理提供理论依据和实践指导。研究结论如下:

1. 协整和统一不同学科领域的成本分配的概念

在会计学、经济学和管理学三个领域的 SCCA 理论的基础上,对 SCCA 的概念加以统一。指出成本分配不仅是终点,更是起点。以供应链联盟合作已经或即将产生的成本或收益为分配对象,选择或设计合适的分配方法,目的是从联盟活动的末端或起点促进供应链联盟的长期稳定。作为广义的 SCCA 的概念,其特点是突破了传统成本分配静态、单阶段且单一企业的局限,着眼于动态、多阶段的供应链联盟整体的分配过程。

2. 提出 SCCA 的动态稳定性"核心动力—约束标准—环境标准—输出功能"的"四维结构"理论

第一维度为核心动力。SCCA 所需达到的目标是多维的,其稳定性受商业的趋利性、管理的多目标性和政治的多维性三种力量共同作用。第二维度是约束标准。供应链成员选择何种分配条件是分配结果是否静态或动态稳定的先决条件,是 SCCA 动态稳定性在操作层面的约束。因此,需要构建 SCCA 动态稳定公理标准来衡量和构建 SCCA 动态稳定的分析程序作为保障。第三维度是环境标准。供应链环境基础包括项目环境基础与成员环境基础。项目环境即待分配项目是同质还是异质,成员环境即横向和纵向供应链联盟。不同的基础环境会导致成员企业的成本分配决策表现出不同的特征,进而影响供应链联盟的动态稳定性。第四维度是输出功能。供应链联盟的输出功能是联盟这个系统与环境在相互作用中所表现出的能力,即系统对外部表现出的作用、效用、效能或目的,表现为产品设计、库存管理、定价、信息共享等诸多功能。输出功能表达了动态稳定的一种"动态"表现形式。

3. 构建 SCCA 方法动态稳定评价体系

综合利用联盟动态稳定分析,根据成本分配公理化分析以及联盟结构值计算。在此基础上,构建了 SCCA 方法动态稳定评价体系。供应链动态稳定的成本分配方法选择包含以下步骤:第一步,根据供应链联盟的形式与环节,形成对理想分配方法的价值导向,即分配对不同盟员的公平与激励的侧重;第二步,运用 SCCA 方法动态稳定评价体系对不同分配方法的稳定性特征进行评价;第三步,根据理想分配方法的价值导向结合不同分配方法的公平与激励特征进行分配方法的选择。

4. 研究 SCCA 的动态稳定性的动力来源

"三力"的系统动力学分析表明,SCCA 系统是一个由商业自利性、政治多维性和管理多目标性三个动力子系统构成并协同作用的复杂动态系统。商业自利性动力是供应链成本合理分配的最具影响力、最为凸显的重要因素;管理多目标性动力对供应链成本的合理分配具有乘数效应;而政治多维性动力在现实分配中处于次要影响地位。可见,三种动力影响分配动态稳定的最直接表现就是 SCCA 的一个动力博弈过程。

5. 研究异质环境下具有偏好纵向研发联盟动态稳定性

引入 SCCA 的远视动态稳定性研究的基础上进一步对供应链联盟成员短视与长视稳定性偏好进行研究。研究结论为:在分散决策中,长视情境下的制造商和制造服务商的努力程度均大于短视情境中相应的努力程度;在集中决策中,长视情境下的制造商和制造服务商的努力程度均大于短视情境中相应的努力程度;合适的成本分配比例能够有效协调制造商与制造服务商之间的利益,并激励双方积极投入生产运作,有利于供应链动态稳定运行;采用Shapley值对于合作收益进行分配时,无论是在长视情境中还是短视情境中,制造商和制造服务商所组成的大联盟都属于最大一致集。

6. 研究异质环境下考虑权力结构的横向零售商联盟稳定性

着重研究考虑供应链权力结构影响横向定价—采购供应链联盟稳定问题,运用分配方法动态稳定性程度的检验体系,证明供应链联盟结构与功能决定的成本分配"价值导向"的动态稳定性作用。研究结论为:在混合的联盟形式中,当垂直供应链方向制造商是绝对主导,而水平供应链方向存在大零售商是相对主导时,激励性比公平性更有利于实现较高水平的成本分配动态稳定;当联盟对所有盟员的(单一)决策都产生影响时,在卡特尔联盟中所有盟员的定价都提高,当联盟的价值受外部条件影响被限制时,市场份额和权力更大的零售商往往主动在联盟中向其余零售商让渡联盟收益,以确保联盟形成与动态稳定。而当联盟价值很高时,市场份额和权力较小的零售商向大零售商转移支付联盟收益,以奖励大零售商对联盟价值与动态稳定的贡献;当联盟中存在(联盟内外的双重)竞争关系时,强势的外部竞争者会削弱联盟内部的竞争,使得大联盟更加团结,此时以多数盟员利益为主,才能实现较高水平的成本分配动态稳定。反之,外部竞争者的力量较弱会强化联盟内部的竞争,此时保障贡献与权力更大的盟员的联盟收益,才能实现较高水平的成本分配动态稳定。

第二节 研究展望

由于中国在世界产业转移进程中已经成为世界制造中心,一大批中国企业也真正融入全球产业链,供应链竞争显得尤为重要。在供应链环境中,单一企业不仅会对组织内部决策产生决定性影响,而且会对供应链上其他合作伙伴的决策产生直接影响。企业之间的竞争已经逐渐转变为供应链之间的竞争。本书从不同视角对SCCA的动态稳定性进行了分析,并对异质SCCA理论和方法进行了探究,未来需要在以下几个方面进一步深入研究:

(1) 在建立博弈模型时,本书假设市场需求是确定的。然而随着科技的进步以及经济全球化的发展,产品的生命周期变得越来越短,产品的更新速度加快,市场需求不确定性日益加剧。而产品沿着供应链节点移动,更扩大了市场需求不确定的影响,产生了"牛鞭效应"。因此构建需求不确定环境下的 SCCA 模型十分必要。另外本书分别研究了横向供应链和纵向供应链的情况,然而在实践中,供应链往往存在一对多甚至多对多的情况,对于更复杂的异质供应链的建模也是值得研究的问题。

(2) 在模型构建和变量设计前,本书采用了探索性案例加以研究;在模型推演和计算出结论后,也采用解释性案例来加以佐证。但总体来讲,数据和案例资料还是不够丰富和充分,需要我们在今后研究中不断加以积累和改进。

参考文献

[1] Seuring S, 2009. The product-relationship-matrix as framework for strategic supply chain design based on operations theory[J]. International Journal of Production Economics, 120(1): 221-232.

[2] Kohler W, 2004. Aspects of international fragmentation[J]. Review of International Economics, 12(5): 793-816.

[3] 陈良华,祖雅菲,韩静,2016.供应链成本分配的权变结构研究[J].会计研究(10): 50-55.

[4] 陈良华,迟颖颖,祖雅菲,2020.供应链成本分配动态稳定性研究[J].会计研究(4): 25-36.

[5] Wang L H, Zajac E J, 2007. Alliance or acquisition? a dyadic perspective on interfirm resource combinations[J]. Strategic Management Journal, 28(13): 1291-1317.

[6] Park S H, Russo M V, 1996. When competition eclipses cooperation: An event history analysis of joint venture failure[J]. Management Science, 42(6): 875-890.

[7] Nagarajan M, Sošić G, Zhang H, 2010. Stable group purchasing organizations[J]. USC Marshall School of Business Research Paper Series, No. FBE 20-10.

[8] Tashakkori A M, Teddlie C B, 2003. The past and future of mixed methods research: From data triangulation to mixed model designs [M]. SAGE Handbook of Mixed methods in social & behavioral research.

[9] 殷俊明,杨政,雷丁华,2014. 供应链成本管理研究:量表开发与验证[J]. 会计研究(3):56-63.

[10] Cooper R, Slagmulder R, 2004. Interorganizational cost management and relational context[J]. Accounting, Organizations and Society, 29(1):1-26.

[11] Patton M Q, 1990. Qualitative evaluation and research methods [J]. Modern Language Journal, 76(4):543.

[12] Wilson R D, Creswell J W, 1996. Research design: Qualitative and quantitative approaches [J]. Journal of Marketing Research, 33(2):252.

[13] Handfield R B, Nichols E L, 1999. Introduction to supply chain management[M]. Upper Saddle River: Prentice Hall.

[14] Seuring S, 2001. Supply chain costing with target costing and activity based costing[M]. Munchen: Verlag Franz Vahlen.

[15] Seuring S, Goldbach M, 2002. Cost management in supply chains [M]. Heidelberg: Physica-Verlag HD.

[16] Fernie J, Freathy P, Tan E L, 2001. Logistics costing techniques and their application to a Singaporean wholesaler[J]. International Journal of Logistics Research and Applications, 4(1):117-131.

[17] van Damme D A, van der Zon F L, 1999. Activity based costing and decision support [J]. The International Journal of Logistics Management, 10(1):71-82.

[18] Lalonde B J, Pohlen T L, 1996. Issues in supply chain costing[J]. The International Journal of Logistics Management,7 (1):1-12.

[19] Gietzmann M B, 1996. Incomplete contracts and the make or buy decision: Governance design and attainable flexibility[J]. Accounting Organizations and Society, 21(6):611-626.

[20] van der Meer-Kooistra J, Vosselman E G, 2000. Management control of interfirm transactional relationships: The case of industrial renovation and maintenance [J]. Accounting, Organizations and

Society, 25(1): 51-77.

[21] Powell W W, 1990. Neither market nor hierarchy: Network forms of organization[J]. Research in Organizational Behavior (12): 295-336.

[22] Sheppard B H, Tuchinsky M, 1996. Micro-OB and the network organization[M]//Trust in organizations: frontiers of theory and research. California: SAGE Publications, Inc.

[23] Williamson O E, 1991. Comparative economic organization: The analysis of discrete structural alternatives[J]. Administrative Science Quarterly, 36(2): 269.

[24] Tomkins C, 2001. Interdependencies, trust and information in relationships, alliances and networks[J]. Accounting, Organizations and Society, 26(2): 161-191.

[25] Dekker H C, 2004. Control of inter-organizational relationships: Evidence on appropriation concerns and coordination requirements[J]. Accounting, Organizations and Society, 29(1): 27-49.

[26] Moulin H, 2002. Chapter 6 Axiomatic cost and surplus sharing[M]//Handbook of Social Choice and Welfare. Amsterdam: Elsevier: 289-357.

[27] Hougaard J L, Østerdal L P, 2009. Decreasing serial cost sharing: An axiomatic characterization[J]. International Journal of Game Theory, 38(4): 469-479.

[28] Sprumont Y, 2010. An axiomatization of the serial cost-sharing method [J]. Econometrica, 78(5): 1711-1748.

[29] Lee H L, Padmanabhan V, Taylor T A, et al, 2000. Price protection in the personal computer industry[J]. Management Science, 46(4): 467-482.

[30] Seal W, Cullen J, Dunlop A, et al, 1999. Enacting a European supply chain: A case study on the role of management accounting[J]. Management Accounting Research, 10(3): 303-322.

[31] Whicker L, Bernon M, Templar S, et al, 2009. Understanding the

relationships between time and cost to improve supply chain performance[J]. International Journal of Production Economics, 121(2): 641-650.

[32] Kajüter P, Kulmala H I, 2005. Open-book accounting in networks: Potential achievements and reasons for failures[J]. Management Accounting Research, 16(2): 179-204.

[33] Kulmala H I, 2002. Open book accounting in networks[J]. The Finnish Journal of Business Economics, 52(2): 157-177.

[34] Cooper R, Slagmulder R, 1999. Supply chain development for the Lean enterprise interorganizational cost management[M]. Portland: The IMA Foundation for Applied Research Inc, Productivity Press.

[35] Mouritsen J, Hansen A, Hansen C Ø, 2001. Inter-organizational controls and organizational competencies: Episodes around target cost management/functional analysis and open book accounting[J]. Management Accounting Research, 12(2): 221-244.

[36] Coad A F, Cullen J, 2006. Inter-organisational cost management: Towards an evolutionary perspective[J]. Management Accounting Research, 17(4): 342-369.

[37] Atkinson A A, Banker R D, Kaplan R S, et al, 2001. Management accounting[M]. Upper Saddle River: Prenfice Hall.

[38] Grover V, Malhotra M K, 2003. Transaction cost framework in operations and supply chain management research: Theory and measurement[J]. Journal of Operations Management, 21(4): 457-473.

[39] McLaren T, Head M, Yuan Y F, 2002. Supply chain collaboration alternatives: Understanding the expected costs and benefits[J]. Internet Research, 12(4): 348-364.

[40] Davila T, 2000. An empirical study on the drivers of management control systems' design in new product development[J]. Accounting, Organizations and Society, 25(4/5): 383-409.

[41] Guiffrida A L, Nagi R, 2006. Cost characterizations of supply chain delivery performance[J]. International Journal of Production Economics, 102(1): 22-36.

[42] Kajüter P, 2002. Proactive cost management in supply chains[M]// Seuring S, Goldbach M. Cost Management in Supply Chains, Heidelberg: Physica-Verlag: 31-52.

[43] Hines P, Silvi R, Bartolini M, 2002. Demand chain management: An integrative approach in automotive retailing[J]. Journal of Operations Management, 20(6): 707-728.

[44] 桂良军, 2006. 供需链成本管理研究[M]. 北京: 中国经济出版社.

[45] 李秉祥, 许丽, 2005. 供应链成本控制方法研究[J]. 当代财经（2）: 126-129.

[46] 王平心, 2001. 作业成本计算理论与应用研究[M]. 大连: 东北财经大学出版社.

[47] 李补喜, 王平心, 陈琳, 2005. 作业成本计算中成本动因合并理论研究[J]. 系统工程理论与实践, 25(8): 55-61.

[48] Kajüter P, Kulmala H I, 2005. Open-book accounting in networks: Potential achievements and reasons for failures[J]. Management Accounting Research, 16(2): 179-204.

[49] Hummels D, Ishii J, Yi K M, 2001. The nature and growth of vertical specialization in world trade[J]. Journal of International Economics, 54(1): 75-96.

[50] 查尔斯·T. 霍恩格伦, 乔治·福斯特, 斯里坎特·M. 达塔, 2000. 成本会计学: 以管理为重心[M]. 王立彦, 王永梅, 主译. 大连: 东北财经大学出版社.

[51] Von Neumann J, Morgenstern O, 1944. Theory of games and economic behavior[M]. Princeton: Princeton University Press.

[52] Shapley L S, 1953. A Value for n-Person Games[M]// Tucker A, Kuhn H, eds., Contributions to the Theory of Games. Princeton: Princeton University Press: 307-319.

[53] 郑立群，李瑞函，吴育华，2003. 异质成本分配模型的公理体系及分配方法[J]. 管理科学学报，6(6)：15-20.

[54] Hougaard J L，Østerdal L P，2009. Decreasing serial cost sharing: an axiomatic characterization[J]. International Journal of Games Theory，38(4)：469-479.

[55] Moulin H，Shenker S，1992. Serial cost sharing[J]. Econometrica，60(5)：1009-1037.

[56] Moulin H，Shenker S，1999. Distributive and additive costsharing of an homogeneous good[J]. Games and Economic Behavior，27(2)：299-330.

[57] Friedman E，Moulin H，1999. Three methods to share joint costs or surplus[J]. Journal of Economic Theory，87(2)：275-312.

[58] Young H P，1985. Monotonic solutions of cooperative games[J]. International Journal of Game Theory，14(2)：65-72.

[59] Myerson R B，1977. Graphs and cooperation in games[J]. Mathematics of Operations Research，2(3)：225-229.

[60] Hart S，Mas-Colell A，1989. Potential, value, and consistency[J]. Econometrica，57(3)：589.

[61] 张为付，2009. 国际经济分工与企业边界[J]. 南京社会科学（7）：15-20.

[62] 金芳，2003. 国际分工的深化趋势及其对中国国际分工地位的影响[J]. 世界经济研究（3）：4-9.

[63] 吕春成，2003. 经济全球化条件下国际分工机制的递变趋势[J]. 财贸经济（4）：68-70.

[64] 张捷，2007. 产品构造、文化秉赋与分工组织：水平分工格局下贸易结构的形成机制初探[J]. 新政治经济学评论，3(2)：29-44.

[65] Markusen J R，1989. Trade in producer services and in other specialized intermediate inputs[J]. The American Economic Review，79(1)：85-95.

[66] Markusen J，Rutherford T F，Tarr D，2001. Foreign direct investment

in producer services[M]. Economic Impact of EU Membership on Entrants. Boston: Springer: 27-43.

[67] Gereffi G, 1994. The organization of buyer-driven global commodity chains: How US retailers shape overseas production networks[M]// Global Value Chains and Development. Cambridge: Cambridge University Press: 43-71.

[68] 李海舰, 原磊, 2005. 基于价值链层面的利润转移研究[J]. 中国工业经济 (6): 81-89.

[69] Aumann R J, Shapley L S, 1974. Value of non-atomic games[M]. Princeton: Princeton University Press: 104-156.

[70] Binmore K, 1987. Nash bargaining theory (Ⅱ)[M]// Binmore K, Dasgupta P, eds., The economics of bargaining. Cambridge: Basil Blackwell.

[71] Shubik M, 1962. Incentives, decentralized control, the assignment of joint costs and internal pricing[J]. Management Science, 8(3): 325-343.

[72] Rubinstein A, 1982. Perfect equilibrium in a bargaining model[J]. Econometrica, 50(1): 97.

[73] Palsule-Desai O D, Tirupati D, Chandra P, 2013. Stability issues in supply chain networks: Implications for coordination mechanisms[J]. International Journal of Production Economics, 142(1): 179-193.

[74] Özen U, Erkip N, Slikker M, 2012. Stability and monotonicity in newsvendor situations[J]. European Journal of Operational Research, 218(2): 416-425.

[75] Smith W I, Lockamy A, 2000. Target costing for supply chain management: An economic framework[J]. Journal of Corporate Accounting & Finance, 12(1): 67-77.

[76] Elahi E, Lamba N, Ramaswamy C, 2013. How can we improve the performance of supply chain contracts? An experimental study[J]. International Journal of Production Economics, 142(1): 146-157.

[77] Roma P, Perrone G, 2016. Cooperation among competitors: A comparison of cost-sharing mechanisms[J]. International Journal of Production Economics, 180: 172-182.

[78] Drechsel J, Kimms A, 2010. Computing core allocations in cooperative games with an application to cooperative procurement [J]. International Journal of Production Economics, 128(1): 310-321.

[79] Fiestras-Janeiro M G, García-Jurado I, Meca A, et al, 2011. Cooperative game theory and inventory management[J]. European Journal of Operational Research, 210(3): 459-466.

[80] Lozano S, Moreno P, Adenso-Díaz B, et al, 2013. Cooperative game theory approach to allocating benefits of horizontal cooperation[J]. European Journal of Operational Research, 229(2): 444-452.

[81] Taschner A, Charifzadeh M, 2020. Management accounting in supply chains-what we know and what we teach[J]. Journal of Accounting & Organizational Change, 16(3): 369-399.

[82] 张建高, 郑乃伟, 2002.合作博弈与运输优化[J].四川大学学报(工程科学版), 34(4): 51-55.

[83] 李军, 蔡小强, 2007.基于合作博弈的易腐性产品运输设施选择的费用分配[J].中国管理科学, 15(4): 51-58.

[84] Cao Z, Lumineau F, 2015. Revisiting the interplay between contractual and relational governance: A qualitative and meta-analytic investigation[J]. Journal of Operations Management, 33/34: 15-42.

[85] Meehan J, Wright G H, 2013. Power priorities in buyer-seller relationships: A comparative analysis [J]. Industrial Marketing Management, 42(8): 1245-1254.

[86] Bastl M, Johnson M, Choi T Y, 2013. Who's seeking whom? coalition behavior of a weaker player in buyer-supplier relationships[J]. Journal of Supply Chain Management, 49(1): 8-28.

[87] Chwe M S Y, 1994. Farsighted coalitional stability[J]. Journal of Economic Theory, 63(2): 299-325.

[88] Mauleon A, Vannetelbosch V, 2004. Farsightedness and cautiousness in coalition formation games with positive spillovers[J]. Theory and Decision, 56(3): 291-324.

[89] Konishi H, Ray D, 2003. Coalition formation as a dynamic process[J]. Journal of Economic Theory, 110(1): 1-41.

[90] Sudhölter P, 1997. The modified nucleolus: Properties and axiomatizations[J]. International Journal of Game Theory, 26(2): 147-182.

[91] Kaplinsky R, Morris M, 2001. A handbook for value chain research [M]. Brighton: Institute of Development Studies.

[92] Gereffi G, Humphrey J, Sturgeon T, 2005. The governance of global value chains[J]. Review of International Political Economy, 12(1): 78-104.

[93] Dyer J H, Singh H, Kale P, 2008. Splitting the pie: Rent distribution in alliances and networks[J]. Managerial and Decision Economics, 29(2/3): 137-148.

[94] 刘玉廷, 2007. 美国会计国际趋同、注册会计师监管和内部控制考察报告[J]. 会计研究(8): 81-86.

[95] Banerjee S, Lin P, 2001. Vertical research joint ventures[J]. International Journal of Industrial Organization, 19(1/2): 285-302.

[96] Raz G, Druehl C T, Blass V, 2013. Design for the environment: Life-cycle approach using a newsvendor model[J]. Production and Operations Management, 22(4): 940-957.

[97] Zhu W G, He Y J, 2017. Green product design in supply chains under competition[J]. European Journal of Operational Research, 258(1): 165-180.

[98] 赵道致, 原白云, 徐春秋, 2016. 低碳环境下供应链纵向减排合作的动态协调策略[J]. 管理工程学报, 30(1): 147-154.

[99] Bertinelli L, Camacho C, Zou B T, 2014. Carbon capture and storage and transboundary pollution: A differential game approach[J].

European Journal of Operational Research, 237(2): 721-728.

[100] Benchekroun H, Martín-Herrán G, 2016. The impact of foresight in a transboundary pollution game[J]. Cahiers de recherche, 251(1): 300-309.

[101] Zu Y F, Chen L H, Fan Y, 2018. Research on low-carbon strategies in supply chain with environmental regulations based on differential game[J]. Journal of Cleaner Production, 177: 527-546.

[102] 赵道致, 原白云, 夏良杰, 等, 2014. 碳排放约束下考虑制造商竞争的供应链动态博弈[J]. 工业工程与管理, 19(1): 65-71.

[103] Ghosh D, Shah J, 2015. Supply chain analysis under green sensitive consumer demand and cost sharing contract[J]. International Journal of Production Economics, 164: 319-329.

[104] Basiri Z, Heydari J, 2017. A mathematical model for green supply chain coordination with substitutable products[J]. Journal of Cleaner Production, 145: 232-249.

[105] Plambeck E L, 2012. Reducing greenhouse gas emissions through operations and supply chain management[J]. Energy Economics, 34(3): S64-S74.